Anthologie
Sans frontières

9e

Academic Course, Grade 9

Art Coulbeck

Addison Wesley

Une rubrique de Pearson Education Canada

Don Mills, Ontario – Reading, Massachussetts – Harlow, Angleterre

Glenview, Illinois – Melbourne, Australie

Anthologie
Sans frontières 9e

Directrice de la recherche, du développement et du marketing : Hélène Goulet

Directrice de l'édition, cycle secondaire : Paula Goepfert

Directrice de la rédaction : Hélène Goulet

Chargée de projet : Anna Palamedes

Production/Rédaction : Nadia Chapin, Jonathan Furze, Tanjah Karvonen

Révisions linguistiques : Pauline Cyr

Coordonnatrice : Helen Luxton

Conception graphique : Jennifer Federico

Couverture : Jennifer Federico

Illustrations : Kevin Cheng, Peter Ferguson, Tina Holdcroft, Cindy Jeftovic, Steve MacEachern, Craig Terlson, Peter Yundt

Nous tenons à remercier tout particulièrement les enseignants, enseignantes, conseillers et conseillères pédagogiques pour leurs précieuses contributions à ce projet. Un merci tout spécial à la conseillère qui a fait la révision du contenu de ce document.

ISBN 0-201-71108-7

Imprimé au Canada
Ce livre est imprimé sur du papier sans acide.

C E F TCP 05 04 03 02 01 00

Table des matières

La vie sociale

Un quiz : tes devoirs?

Avant de lire

- Combien de devoirs as-tu à faire chaque soir?
- Où fais-tu tes devoirs?
- Comment est-ce qu'un agenda peut t'aider?
- Écris tes réponses au quiz sur une feuille de papier.

Tous les jours, tu vas à l'école et tu fais ton travail. Après une longue journée, tu rentres à la maison, ton sac d'école plein de livres et de cahiers. Les devoirs, les projets, les tests et les examens... Comment organises-tu tout ce travail?

Sur une feuille de papier, écris tes réponses aux situations suivantes avec les symboles indiqués. Choisis ta réaction la plus probable, puis lis l'explication des résultats à la fin.

1. **Dans deux semaines, tu as trois tests importants :**
   - ● Une heure de maths, une heure de biologie, une heure de français tous les soirs; deux heures à consacrer à chaque matière le dimanche. Je suis organisé(e).
   - ■ Je suis sûr(e) que j'ai écrit les dates quelque part dans mon agenda.
   - ▲ Deux semaines? Ça me donne beaucoup de temps. Mon émission favorite commence à huit heures!

2. **Le professeur de maths annonce qu'il y a un test demain matin.**
   - ▲ Je vais appeler mon amie Catherine ce soir. Elle a beaucoup de talent en maths et elle peut m'expliquer les problèmes que je ne comprends pas.
   - ■ Je vais parler à Catherine demain matin avant les cours.
   - ● J'ai passé une heure avec Catherine à la bibliothèque après les cours aujourd'hui. Elle m'a expliqué les problèmes et j'ai tout compris.

3. **Les verbes irréguliers en français…**
   - ▲ Je les apprends tous ensemble, le soir avant le test.
   - ■ Je suis sûr(e) qu'on a appris ces verbes en classe. Si j'y pense, ça va revenir… peut-être.
   - ● J'étudie deux verbes chaque soir.

4. **Deux amis te demandent d'étudier avec eux à la bibliothèque.**
   - ● Bonne idée. Étudier ensemble, ça peut être utile.
   - ■ Comment? Étudier?
   - ▲ C'est bien. Mais j'ai des choses à faire. Je vous rejoins plus tard.

5. **En route pour l'école, ton ami(e) crie : «Il y a un test ce matin!!!»**
   - ■ J'ai oublié. C'est ma faute. Je n'ai pas écrit de note dans mon agenda.
   - ▲ J'ai oublié. C'est ma faute. Je n'ai pas regardé dans mon agenda.
   - ● Oui, et alors? J'ai étudié!

6. **À ton avis, c'est absolument inacceptable...**
   - ● ... de recevoir une mauvaise note quand tu es sûr(e) d'avoir étudié.
   - ■ ... que tes amis te trouvent en train d'étudier.
   - ▲ ... de ne pas pouvoir apprendre trois choses différentes en même temps.

7. **Je commence à répondre à un test, et tout à coup je n'ai plus rien à dire.**
   - ▲ Je dois accepter que je n'ai pas bien étudié.
   - ● Pas possible! Je sais tout sur cette matière! C'est une mauvaise question!
   - ■ On a parlé de ça en classe?

8. **Pourquoi copier les devoirs d'un(e) autre élève?**
   - ■ Je l'ai fait parce que j'étais très fatigué(e) et je n'avais pas fait mes devoirs.
   - ▲ Je l'ai fait parce que j'ai fait mes autres devoirs jusqu'à quatre heures du matin.
   - ● Je ne copie pas les devoirs des autres.

Résultats

Si tu as une majorité de triangles :

Tu as toujours de bonnes excuses pour faire le travail à la dernière minute. Attention! Ça cause du stress, tu sais. Travailler seulement quand c'est urgent cause de la fatigue et peut mener à de grosses difficultés aux examens de fin d'année.

Si tu as une majorité de carrés :

Ce qui est important, c'est survivre, n'est-ce pas? Tu n'es pas travailleur ou travailleuse. Attention! Les profs ne seront pas toujours indulgent(e)s quand tu leur demanderas quelques jours de plus pour finir un travail.

Si tu as une majorité de cercles :

Tu es peut-être trop nerveux ou nerveuse à propos des tests et des projets, mais tu as développé une façon efficace de te préparer et ça marche bien. Continue comme ça! Tu vas réussir!

L'anniversaire de James

Avant de lire

- Décris le gâteau d'anniversaire de tes rêves.

> C'est l'anniversaire de James demain. Je vais lui préparer un beau gâteau. Je vais l'apporter chez lui et il va en manger beaucoup.

> Quelle bonne idée! Il va aimer ça!

> Je vais mettre 15 bougies sur son gâteau : 14 pour son âge et une autre pour la chance.

> Je vais le décorer avec des pépites de chocolat et de la crème fouettée. J'en ai acheté ce matin.

> De la crème fouettée? Est-ce que tu penses que c'est une bonne idée?

> Désolé, Nicole. La crème fouettée... tu en as partout!

> Ce n'était pas une bonne idée de mettre de la crème fouettée!

Chasse à la baleine sur Internet

- Comment est-ce qu'Internet peut t'aider quand tu as des recherches à faire?
- Quels problèmes as-tu éprouvés en utilisant Internet?
- Pour mieux comprendre le passage qui suit, cherche *baleine* sur **www.fr.yahoo.com** *(Yahoo!France)*.

Tu as un travail à faire sur les baleines du Saint-Laurent. Pas de problème : Internet te donne accès à un océan d'informations sur les cétacés. Voici comment chercher... et trouver.

Les moteurs de recherche

Imagine un robot qui visite des millions de sites accessibles par Internet. Doté d'une mémoire incroyable, il dresse la liste de presque tous les sites qui contiennent le mot que tu as donné au robot.

Bonne nouvelle : ce robot existe. Il y en a même plusieurs modèles. Ils sont à ton service gratuitement! Ce sont des moteurs de recherche (en fait, des logiciels superpuissants).

Tape le mot *baleine*. Oups! le moteur de recherche te présente 4 500 sites. Il faut préciser ta recherche. En tapant *baleine + Saint-Laurent*, tu obtiens 400 sites. Essayons *baleine + Saint-Laurent + Québec*. Le moteur de recherche énumère 270 sites. Tu peux aller en explorer quelques-uns. *AltaVista* et *Excite* sont de bons exemples de moteurs de recherche.

Les répertoires

Un répertoire est un regroupement de sites. Pour classer ces sites, on s'est inspiré de la forme d'un arbre : un tronc, des branches et des feuilles.

Comment trouver des sites sur les baleines? Clique d'abord sur la rubrique *animaux* (c'est le tronc de l'arbre). Pour préciser ta recherche, clique ensuite dans la branche *mammifères marins*, puis dans la feuille *baleine*.

Un répertoire te permet aussi de faire une recherche en tapant le mot *baleine*. Une liste de sites apparaît alors. Elle est plus courte qu'avec un moteur de recherche. La raison est simple : un répertoire ne contient qu'une sélection des sites présents sur Internet. *Yahoo!* est un bon exemple de répertoire.

Un conseil

Tu commences à naviguer? Alors, utilise d'abord les répertoires, plus faciles d'usage. Quand tu auras plus d'expérience, les moteurs de recherche te permettront de faire des recherches plus complètes.

(Les Débrouillards, n° 187, oct. 1999)

5

L'exploitation des enfants

Avant de lire

- À quel âge est-ce qu'on peut légalement travailler à temps plein au Canada?
- À ton avis, dans quelles circonstances est-ce qu'on pourrait permettre à un(e) jeune de prendre un emploi?

À l'âge de neuf ans, il reçoit l'équivalent de vingt-cinq cents par jour pour son travail dans une usine. Il doit donner cet argent au propriétaire de l'usine pour se payer un petit bol de nourriture. S'il fait une erreur, on le bat. S'il s'arrête pendant son travail pour penser à sa famille, on le bat.

Ce n'est pas le sommaire d'un roman du dix-neuvième siècle. De nos jours, plus de 200 millions d'enfants, la plupart dans les pays les plus pauvres, doivent travailler. Leur salaire ne compte pas pour beaucoup, s'il y a un salaire. Leurs conditions de vie sont souvent affreuses. Ils mangent mal, ils dorment mal. Ils n'ont pas le temps de jouer. Souvent, ils sont séparés de leurs parents.

De plus, ces enfants n'ont pas l'occasion d'aller à l'école. Ils n'apprennent pas à lire, à écrire, à calculer. Sans cette éducation fondamentale, c'est très difficile de quitter un travail, même si c'est mal payé.

Depuis quelques années maintenant, de plus en plus de gens sont conscients de cette situation. Ils savent aussi que ces enfants fabriquent des produits destinés à l'Europe et l'Amérique du Nord : des chemises, des souliers, des tapis, des jouets pour les enfants. Il y a un mouvement qui essaie d'encourager les gens des pays favorisés à ne pas acheter ces produits. Ce mouvement demande des inspections dans les usines où on pense que les enfants sont employés.

Le jeune Canadien Craig Kielburger se trouve à la tête de l'organisation *Libérez les enfants*, qui lutte contre le travail des enfants. Cette organisation a des membres dans vingt pays. Son but est d'encourager les nations du monde à considérer l'éducation et la protection des enfants comme une priorité. Craig a déjà fait plusieurs voyages à travers le monde et il a aussi parlé avec des chefs d'État. Il dit : «Notre organisation n'a pas beaucoup d'argent, mais nous avons le désir de voir des millions d'enfants libérés de l'exploitation. C'est ça qui compte.»

Meurtre dans le salon

Avant de lire

- Est-ce que tu aimes les mystères?
- Quels auteurs de mystères aimes-tu lire?
- Quelles émissions aimes-tu regarder à la télé?
- Maintenant, lis cette histoire de meurtre.
- Essaie de découvrir qui est le coupable en même temps que la détective.

Quelqu'un a atteint Paul Dubé d'un coup de feu. Arrivée sur les lieux, l'inspectrice Micheline Lupin trouve l'homme dans son salon, à côté de sa bibliothèque.

– Qui vous a tiré dessus? demande Micheline.

L'homme, grièvement blessé, est incapable de parler.

– Donnez-moi un indice, implore Micheline.

L'homme pointe alors un cahier de partition musicale posé sur un banc, près du piano. Puis il meurt!

Notre détective a trois suspects dans ce cas de meurtre : Rémi Doré, l'associé en affaires de la victime; Louise Dubé, la femme de la victime, une célèbre pianiste; et son voisin, l'écrivain Nicolas Lavoie.

Qui est le coupable? Et comment Micheline l'a-t-elle découvert?

Réponse à la page 96.

(*Les Débrouillards*, nᵒ 191, fév. 2000)

Les dangers d'Internet

Les jeunes commencent à naviguer sur l'inforoute dès qu'ils peuvent manipuler une souris et se brancher au monde externe et à toutes ses réalités. Mais ce réseau électronique peut être un environnement menaçant. En fait, Internet est une forme de communication efficace, mais parfois dangereuse.

D'abord, la communication humaine est plus qu'une série de mots écrits sur l'écran. Un clavier ne peut pas bien révéler les sentiments. Quand on parle avec ses amis, on interprète le ton de la voix et des gestes. On ne peut pas voir un sourire ou une expression de frustration à travers le cyberespace.

Deuxièmement, il y a des sites (accessibles à tous, bien sûr) qui fournissent de l'information de mauvais goût. D'un simple clic, un enfant peut voir une image pornographique. C'est de plus en plus difficile pour les parents de protéger l'innocence de leurs enfants.

Il y a d'autres risques plus effrayants. Il y a des criminels qui essaient de duper leurs victimes en ligne. Ils leur vendent des articles qui n'existent pas ou prennent leur numéro de carte de crédit pour voler leur argent. On entend aussi parler de gens qui font la connaissance d'un nouvel ami grâce à Internet. Le rapport semble agréable mais, en réalité, l'ami peut être un prédateur dangereux.

Le Tunnel de la peur

8

Avant de lire

- Quelles sont tes activités préférées à un parc d'attractions?
- Aimes-tu les manèges qui font peur?
- À ton avis, pourquoi a-t-on peur dans le noir?

Tous les étés, juste avant la rentrée des classes, Hélène va au parc d'attractions avec ses amies. Le matin d'une journée très chaude, elle part tôt avec ses amies Jeanne et Diane. Elles s'amusent tout le long du voyage de deux heures. Arrivées au parc, elles se mêlent à la foule qui circule autour des restaurants, des jeux et des manèges.

À la fin de l'après-midi, elles sont fatiguées. Il n'y a rien de nouveau depuis l'an dernier. Elles décident donc de faire un dernier tour avant de partir.

Elles dépassent le kiosque de crème glacée et de hot-dogs. Elles regardent la Grande Roue, les Montagnes russes et la tente où on donne un spectacle d'acrobatie.

Elles voient un nouveau petit passage. Hélène suggère de le suivre. Au bout, une grande affiche annonce : Le Tunnel de la peur. On y voit un petit bateau flottant sur un canal sombre. Sur le bord du canal on a reproduit en figurines de cire, une scène tragique de la Révolution française : des gens guillotinés.

– Ça me donne la chair de poule, dit Jeanne.

Hélène ne sait pas trop pourquoi, mais elle a soudain envie d'y aller. Il fait tellement chaud et le tunnel semble si frais. Elle a peut-être aussi le goût de quelque chose de différent, d'excitant.

– Personne n'a le courage d'y aller? demande-t-elle.

– Es-tu folle? dit Jeanne.

– Je te mets au défi d'y aller, répond Diane.

– D'accord, j'y vais, annonce bravement Hélène. Vous êtes peureuses.

– Nous allons payer ton entrée, n'est-ce pas Diane? Mais moi, je ne veux pas y aller, dit Jeanne.

Elles vont au guichet toutes les trois. Un homme y est assis.

– Un passage, s'il vous plaît, dit Hélène.

– Vous y allez toute seule? demande l'homme.

– Je n'ai pas peur, dit-elle. Où est le bateau?

L'homme la conduit derrière le guichet. Diane et Jeanne suivent, mais l'homme les arrête.

– Non, vous ne pouvez pas allez plus loin, si vous n'avez pas de billets.

Hélène essaie d'avoir l'air brave, mais le vieux bateau avec son siège déformé la fait frissonner.

L'homme tire un manche de bois qui met le bateau en marche. Hélène est effrayée par le bruit et se retourne vite vers l'homme. Elle voit son sourire de dents jaunes, puis elle ne voit plus rien : elle est dans le tunnel.

Dans le noir, Hélène remarque qu'elle entend mieux. Elle entend le bateau sur le bord du canal, l'eau qui frappe les flancs du bateau, puis un cri perçant lui coupe le souffle. Une seconde après le cri, une lumière vive s'allume. À un mètre du bateau, un homme est attaché à une roue de torture. Hélène ferme les yeux et cache son visage dans ses mains. Est-ce que ça va durer longtemps?

Le bateau tourne abruptement, et Hélène entend son propre cri. Quelque chose de gluant lui touche la figure. Elle se sent malade. Elle se met au fond du bateau, certaine qu'elle peut supporter le reste du voyage si elle peut rester dans cette position. Pourquoi a-t-elle voulu venir? Elle préférerait être dehors, au soleil, avec ses amies. Il y a un bruit devant Hélène, puis elle entend le métal qui frappe le bois. Elle jette un coup d'oeil et voit la scène de la guillotine : une tête sanglante tombe dans un seau, près de la guillotine.

Elle se serre les bras : un autre virage, une autre scène. Elle sent une chose humide et couverte de fourrure glisser autour de son cou. Elle essaie de ne pas crier : cette chose va disparaître, tout comme la masse gluante avant. Mais la fourrure humide semble se presser contre elle. Un poids fait pencher le bateau et Hélène commence à crier et crier encore…

Dehors, Jeanne et Diane rient des bruits qui sortent du tunnel. L'homme s'en amuse aussi. Il les regarde de côté, avec un sourire grimaçant.

Mais le bruit qui vient du Tunnel de la peur se change vite en un hurlement constant, proche de la folie. Les deux filles sont mal à l'aise. Jeanne va au guichet :

– Sort-elle bientôt? demande-t-elle au monsieur.

– Encore quelques minutes, dit-il. Elle a payé, elle va en avoir pour son argent.

Jeanne revient vers Diane, debout à la sortie du canal.

– Je n'aime pas ça. J'ai hâte de la voir sortir.

À ce moment précis, un cri de terreur déchire l'air. C'est si affreux que les deux filles frissonnent.

– Sortez-la du tunnel! dit Jeanne en courant vers l'homme.

– Je ne peux rien y faire, répond-il.

Le cri hystérique continue dans le tunnel. Un autre son sort des haut-parleurs : «Mesdames et messieurs. Il est important que tout le monde reste calme. Un gorille s'est échappé du zoo. S'il vous plaît, restez à l'abri. On va le capturer. Nous répétons, ne paniquez pas.»

L'annonce arrive trop tard pour Hélène. Ses amies la voient sortir du tunnel, le gorille assis près d'elle dans le petit bateau. Elles la sortent du bateau. Miraculeusement, elle est saine et sauve, mais son esprit…

Ses amies l'amènent rapidement à l'hôpital du comté.

Elle y sera pour le reste de ses jours.

(Tiré du livre *Tales for the Midnight Hour* par J.B. Stamper. ©1977, J.B. Stamper. Reimprimé avec l'autorisation des Éditions Scholastic, New York, New York; traduit et adapté)

Le dragon de la forêt

Avant de lire

- À ton avis, est-ce que les dragons ont vraiment existé?

- Si oui, pourquoi n'y a-t-il pas de dragons aujourd'hui?

- Si non, pourquoi est-ce qu'on a inventé des monstres fabuleux comme les dragons?

Première partie

La forêt près de notre village est célèbre dans tout le pays. Pas pour ses arbres ni pour les animaux qui y habitent, mais à cause de l'eau. Il y a un puits dans la forêt, et dans ce puits on trouve la meilleure eau de tout le pays. Les gens viennent de partout pour boire cette eau. Elle est toujours fraîche, pure et rafraîchissante. En plus, elle a la réputation de guérir les maladies. Après avoir passé des heures avec mes troupeaux dans les champs, je suis très fatiguée. Je bois un peu de cette eau et je retrouve toute mon énergie. J'oublie ma fatigue. C'est la même chose pour tout le monde.

Alors un jour, après dix heures de travail, je m'arrête dans la forêt pour prendre un verre d'eau. Imagine ma surprise quand je m'approche du puits et y trouve un immense dragon! Il a les écailles vertes et noires, et les yeux rouges et féroces. De ses quatre pattes sortent de longues griffes. Il me regarde, puis il se retourne et commence calmement à boire dans le puits. Je ne sais pas quoi faire. Je commence à faire du bruit pour lui faire peur, mais il ne réagit pas. Il me regarde et je sais qu'il n'a pas peur de moi. Je brandis mon bâton, et le dragon fait un pas vers moi. Je me retourne et je pars en courant vers le village.

Le dragon ne quitte pas la forêt. Nous ne pouvons plus y aller pour boire. La fatigue et les petites maladies reviennent. Nous devons boire l'eau ordinaire de la petite rivière qui passe au milieu du village. Nous avons organisé une bande armée pour attaquer le dragon, mais la créature nous a dispersés très vite! Qu'est-ce que nous pouvons faire?

L'automne arrive. La situation n'a pas changé. Tout le village est triste. Plusieurs personnes sont gravement malades. Et notre tourisme est complètement mort : les visiteurs ne viennent plus à notre village, car ils ne peuvent pas aller dans la forêt.

J'ai l'idée brillante de mettre une annonce au marché de la ville voisine. Certaines personnes trouvent mon idée folle, mais d'autres m'encouragent. Je dicte l'annonce, et le curé du village la copie. Je vais au marché, j'affiche notre annonce sur la porte du magasin général, et j'attends. Vers la fin de l'après-midi je vois un homme s'arrêter pour la lire.

Cet homme ne fait pas très bonne impression. Il a peut-être cinquante ans. Il a les cheveux gris, son armure n'est pas neuve et son cheval n'est plus jeune. Mais il est évident qu'il est chevalier. Je l'ai entendu donner son nom à la propriétaire du magasin. Sire Gilles de Landry. Un vrai chevalier! Je m'approche de lui.

– Sire, dis-je, je m'appelle Pierrette et c'est moi qui ai affiché cette annonce. Notre village a besoin d'un héros. C'est vous, peut-être, qui allez nous sauver du dragon et nous rendre notre puits.

Sire Gilles de Landry me regarde pensivement.

– C'est bien possible, répond-il. J'ai un peu d'expérience avec les dragons et les autres monstres de ce genre. Mais ça fait longtemps… À Paris on dit qu'il n'y a plus de dragons dans le pays, tu sais.

– Peut-être qu'il n'y a pas de dragons à Paris, sire, mais je vous assure que dans notre forêt il y en a un, très vivant et féroce.

– Alors, dit sire Gilles, en route.

Deuxième partie

Madame Rose, la boulangère, donne sa meilleure chambre au chevalier. Elle n'est pas très impressionnée, et elle me dit :

– Pierrette, tu ne pouvais pas trouver un meilleur chevalier que ce pauvre homme fatigué?

– C'est le seul, madame Rose. Mais il a de l'expérience.

Le lendemain matin, sire Gilles va dans la forêt. Avant de quitter le village il s'arrête, me regarde et dit :

– Pierrette, tu seras mon écuyère!

– Bien sûr, sire. Mais… qu'est-ce que c'est qu'une écuyère?

– Quand un chevalier entre en combat avec un monstre il a besoin de quelqu'un, son écuyer (ou son écuyère), pour lui donner ses armes, pour tenir son cheval, et pour couper les oreilles du dragon en souvenir du combat. L'écuyère est là aussi pour vérifier la version du combat que le chevalier raconte par la suite.

– Mais sire Gilles, je n'ai pas d'armure!

– Ça va, Pierrette, ça va. Les écuyers n'ont pas le droit de porter une armure. C'est un droit réservé aux chevaliers. Alors, ne t'inquiète pas. Plus vite on arrive dans la forêt, plus vite on tue ce dragon!

Sire Gilles monte sur son vieux cheval. Moi, je dois le suivre à pied. Je dois aussi porter son épée à deux tranchants. Elle est très vieille et très lourde. La promenade en forêt est longue, ce jour-là.

En route, sire Gilles me raconte ses exploits, des histoires merveilleuses de dragons, de potions magiques et de méchants. Évidemment, sire Gilles en est toujours sorti victorieux parce qu'il est là, devant moi. Je commence à penser que nous allons vaincre le dragon du puits. Enfin, nous y arrivons.

Le dragon est endormi. À notre approche, il ouvre les yeux et se lève lentement. Il me regarde sans intérêt, puis tourne les yeux vers le chevalier. Il ouvre la gueule et des flammes rouges en sortent. Il fait un bruit terrible. Je me réfugie derrière un arbre, mais sire Gilles descend de son cheval. Je lui donne sa grosse épée et il avance sans peur. Le dragon s'approche et attaque sire Gilles avec ses longues griffes. Sire Gilles en profite pour plonger son épée dans le flanc du monstre. Quel cri affreux! Du sang noir et de la fumée sortent de la blessure, mais le dragon continue à attaquer le brave chevalier.

Le combat dure plus de trois heures. Le dragon attaque, le chevalier contre-attaque habilement. Cependant, les blessures du dragon guérissent miraculeusement. Finalement, le chevalier me dit tristement :

– C'est tout pour aujourd'hui. Retournons au village. Le combat continuera demain.

Le lendemain, nous retournons dans la forêt. Les gens du village qui nous regardent partir ne partagent pas notre enthousiasme. Ils sont déjà convaincus que sire Gilles est trop faible pour vaincre le dragon, et que l'aide d'une bergère ne vaut pas grand-chose.

Le deuxième combat ressemble au premier. Sire Gilles attaque le monstre avec assez de force pour tuer mille dragons, mais chaque fois, la créature retrouve ses forces. À la fin de l'après-midi, le chevalier me dit :

– Quelque chose m'échappe. Ce dragon doit posséder des pouvoirs magiques. Ce n'est pas la force physique qui va vaincre ce monstre, mais plutôt l'intelligence.

Troisième partie

Quand nous rentrons au village, le silence total nous attend. Sire Gilles prend son souper et se couche immédiatement. Tôt le matin, nous partons de nouveau. Cette fois, il n'y a personne dans la rue pour nous saluer. Je dois dire que je n'ai pas tellement envie d'y aller.

Le combat recommence. Une heure après, sire Gilles, déjà fatigué, me dit :

– Pierrette, je ne vois rien de différent. Et toi?

– Tout ce que j'ai remarqué, sire, est que le dragon ne quitte pas sa place près du puits, et que sa queue descend toujours dans le puits. Qu'en dites-vous?

– On va voir! crie le chevalier. Tu m'as dit que cette eau a un pouvoir de guérison, n'est-ce pas? Pourquoi pas chez les dragons aussi?

Sire Gilles commence à danser autour du dragon et à piquer l'animal avec son épée. Le monstre se fâche, pousse un cri terrible et saute vers le chevalier. Sire Gilles continue à le piquer et à reculer dans la forêt. J'ai peur pour lui. À son âge, après deux longues journées de combat, il a le droit d'être fatigué. S'il ne fait pas attention, le dragon enragé va le tuer.

Maintenant, le dragon croit que sire Gilles est battu d'avance. Il le regarde reculer et le suit dans la forêt. Le chevalier crie :

– Pierrette! Est-ce que sa queue est toujours dans le puits?

– Non, sire! Mais, faites attention! Il s'approche de vous très vite!

Il y a un cri, mais c'est celui de sire Gilles, et c'est un cri de triomphe. L'épée est plongée dans le dragon, qui tombe mort aux pieds du vaillant chevalier.

Sire Gilles est très vieux aujourd'hui. Il habite toujours dans notre village et il dit qu'il doit sa longue vie saine à l'eau de notre puits. Moi, j'ai toujours les oreilles du dragon.

(Adapté d'un conte anglais.)

Drôles de visiteurs

Des extraterrestres sont-ils déjà venus sur Terre? Depuis 50 ans, plein de gens disent en avoir vu. Quelques-uns prétendent même avoir été enlevés par certains d'entre eux. Faut-il les croire?

Avant de lire

- À ton avis, est-ce que la vie existe sur les autres planètes?
- Est-ce que les habitants d'autres planètes sont capables de visiter la Terre?
- Si tu penses que oui, pourquoi?
- Qu'est-ce que tu penses qu'ils cherchent?

Le 24 juin 1947, l'Américain Kenneth Arnold survole des montagnes en avion. À son retour, il raconte à des journalistes qu'il a vu «neuf objets qui volaient comme des soucoupes qu'on aurait fait rebondir à la surface de l'eau». Un des journalistes décrit les objets comme des «soucoupes volantes». L'expression va vite devenir célèbre!

Les ovnis (objets volants non identifiés) arrivent!

Avant 1947, personne ne prétendait voir dans le ciel des engins venus d'autres planètes, ou des ovnis. Mais, depuis cette année-là, des centaines de milliers de personnes disent en avoir vu dans le ciel ou dans un champ, au-dessus des villes ou des mers… À croire que les extraterrestres sont partout! Sauf que…

Sauf que, après tout ce temps, on n'a aucune preuve qu'il s'agit bien de soucoupes volantes. Les prétendues preuves sont en réalité des photos truquées, des faux témoignages, des phénomènes météorologiques ou des avions. Mais il y a évidemment des gens tout à fait sincères, qui sont réellement convaincus d'avoir assisté à quelque chose d'extraordinaire. Faut-il les croire?

«J'ai vu un extraterrestre. Je le jure!»

Chaque fois qu'on entend un témoignage de ce genre, il faut se rappeler une maxime de l'astronome américain Carl Sagan : «Des affirmations extraordinaires nécessitent des preuves extraordinaires.» Or, le témoignage d'une personne, en apparence sincère, qui jure avoir vu des extraterrestres, ce n'est pas une preuve extraordinaire. Il faut bien considérer les trois hypothèses suivantes :

Hypothèse 1
L'hallucination visuelle

Le cerveau peut nous faire voir des images que les yeux ne voient pas en réalité. C'est ce qui se passe lors d'une hallucination visuelle et lorsque nous rêvons. De plus, il se passe plein de choses dans notre cerveau que nous ignorons encore. Un psychologue de Sudbury, en Ontario, Michael Persinger, mène à ce sujet des expériences étonnantes sur des gens : il soumet des régions précises de leur cerveau à de petits champs magnétiques. À la fin de l'expérience, certains disent avoir vu des fantômes. D'autres, des extraterrestres!

Hypothèse 2
Mauvaise interprétation

En 1979, un chercheur français, Paolo Toselli, interroge une cinquantaine de personnes qui disent avoir vu un ovni. Toselli mène sa petite enquête et découvre qu'il s'agit en fait d'un ballon-sonde utilisé en météorologie. Or, une personne sur quatre lui décrit un objet qui ne ressemble pas du tout à un ballon-sonde! Leur mémoire a «récrit» l'événement.

Hypothèse 3
Les faux souvenirs

Depuis les années 1980, des milliers de gens proclament avoir été kidnappés par des extraterrestres. Dans le cas de certains kidnappés, ce souvenir est revenu seulement sous hypnose. Est-ce une preuve extraordinaire? Non!

Dans la réalité, l'hypnose, ce n'est pas comme au cinéma! On est loin d'être sûr de son efficacité. Un hypnotiseur peut même involontairement amener une personne à raconter, comme un souvenir, un enlèvement qui ne s'est jamais produit!

Finalement, des psychologues s'intéressent depuis peu de temps au phénomène des faux souvenirs : il y a des gens qui ont le souvenir d'avoir assisté à un événement qui n'a jamais eu lieu!

«Une partie des récits reste inexpliquée», disent certains. C'est vrai! Un ovni peut rester inexpliqué, mais cela ne veut pas dire qu'il y a des extraterrestres. Cette explication est intéressante, mais trop facile!

(Pascal Lapointe, *Les Débrouillards*, n° 169, déc. 1997)

Le scientifique du siècle

Avant de lire

- À ton avis, qui sont les gens les plus importants du vingtième siècle?
- Donne une raison pour justifier tes choix.

Albert Einstein, né en Allemagne en 1879, a complètement changé notre façon de voir la sience et les scientifiques.

Comme beaucoup de gens brillants, le jeune Albert Einstein ne montre pas toujours sa grande intelligence à l'école. Il travaille fort sur les matières qu'il aime et qui l'intéressent. Quand il ne s'y intéresse pas, ses notes ne sont pas toujours bonnes.

Quand il est adolescent, sa famille déménage, premièrement en Italie, puis en Suisse. C'est là où Albert rate un examen important. Par conséquent, il ne peut pas faire ses études pour devenir ingénieur. Il change d'école et en 1900, il reçoit un diplôme qui lui permet de devenir professeur de mathématiques et de physique.

Il décide vite que l'enseignement au secondaire n'est pas sa vocation. Un nouvel emploi lui donne le temps de faire des recherches en physique. En 1905, il publie sa «théorie de la relativité» qui le rend célèbre dans le monde des sciences. Il travaille alors dans plusieurs grandes universités, notamment à Berlin, en 1914. En 1921, il gagne le prix Nobel en physique.

Malgré son succès et sa célébrité, Einstein n'est pas populaire en Allemagne. Il est pacifiste et juif aussi. Il y a beaucoup d'attaques racistes envers Einstein et son travail. Avec la montée politique des nazis en Allemagne, Einstein décide de quitter le pays en 1932 et d'aller s'installer aux États-Unis. Là, il est reçu comme une vedette. Le public adore ce professeur distrait qui joue du violon dans sa cuisine.

En 1939, Einstein communique avec le président Franklin Roosevelt.

Dans sa lettre, il parle du danger d'appliquer ses théories à la construction d'une mégabombe. Il l'informe de sa peur que les nazis en développent une. Malgré sa lettre, le président autorise le Projet Manhattan. Ce projet donne naissance à la fabrication des premières bombes atomiques. Einstein est bouleversé par les effets de la bombe lancée sur Hiroshima en 1945. Il regrette son rôle dans le développement de cette technologie, et passe le reste de sa vie à présenter ses vues pacifistes.

La création de l'État juif d'Israël en 1948 est la réalisation d'un espoir qu'Einstein avait depuis longtemps. On offre au scientifique la vice-présidence de la nouvelle nation, mais il ne veut pas entrer dans la vie politique. Il la refuse.

Albert Einstein est mort en 1955, laissant sa célèbre formule $E=mc^2$, qui montre comment l'énergie se tranforme en matière, une formule qui a révolutionné la physique. Albert Einstein s'est aussi distingué par son humanité et son insistance à donner au scientifique le rôle de citoyen responsable. La pensée d'Albert Einstein n'est pas limitée à la théorie ni au laboratoire… elle s'étend à toute la planète.

Colosses en péril!

Avant de lire

- Imagine que c'est l'an 2100. À ton avis, quelles espèces d'animaux est-ce qu'on ne trouvera plus sur Terre?
- Maintenant, lis cet article où on parle de deux espèces qui sont en grand danger d'extinction.

L'ÉLÉPHANT D'ASIE

Taille : de 2,5 à 3 mètres, du pied au cou
Poids : la femelle pèse jusqu'à 3 tonnes; le mâle, jusqu'à 5 tonnes.
Habitat : on le trouve surtout dans les forêts tropicales situées entre l'Inde et la Chine, au Sri Lanka et en Indonésie (Sumatra et Bornéo).
Longévité maximale : 70 ans
Reproduction : la gestation dure 22 mois; chaque portée donne un seul éléphanteau qui pèse en moyenne 107 kilos à sa naissance.

En Inde, on utilise l'éléphant pour effectuer certaines tâches et dans des cérémonies religieuses. Il n'est donc pas rare de se retrouver nez à nez avec un éléphant en pleine rue. Bien sûr, le colosse n'est jamais seul; son maître, qu'on appelle un cornac, l'accompagne. Mais, cornac ou pas, se trouver face à un éléphant et sentir sa puissante respiration, c'est très impressionnant! Quel géant!

Une situation inquiétante

Malheureusement, l'éléphant d'Asie, tout comme son cousin d'Afrique, est menacé d'extinction. Il reste à peine 15 000 éléphants d'Asie en liberté dans le monde. Au dix-neuvième siècle, on les comptait par millions!

Un autre colosse connaît le même sort. C'est le rhinocéros. Il existe cinq espèces de rhinocéros dans le monde et elles sont toutes en voie d'extinction. La population de rhinocéros de l'Inde, qui vit dans le nord de ce pays, compte aujourd'hui seulement 2 000 individus. Il y a cent ans, il y en avait des dizaines de milliers.

Victimes de la chasse

Quelles sont les causes de ces catastrophes? Principalement, la chasse. Pendant longtemps, on a chassé le rhinocéros pour sa corne, faite de kératine, et l'éléphant, pour ses défenses en ivoire. La corne et l'ivoire avaient une grande valeur. Imagine : il y a 15 ans, un kilo d'ivoire se vendait 260 $, et un kilo de poudre de corne de rhinocéros, 30 000 $!

En Asie, on attribue à la kératine de la corne de rhinocéros des pouvoirs de protection et de guérison. Au Yémen, un pays situé au sud de l'Arabie Saoudite, on utilisait la corne de rhinocéros pour fabriquer des poignards très recherchés par des Yéménites riches. Quant à l'ivoire, on en faisait des bijoux et différents objets, comme des touches de piano, des boules de billard et des bibelots.

Il faut agir!

Aujourd'hui, le commerce de l'ivoire et de la corne de rhinocéros est interdit. Et pour tenter de sauver ces deux colosses, on crée des réserves naturelles et des parcs nationaux. Ces efforts portent fruit, mais il y a encore des gens qui chassent illégalement les rhinocéros et les éléphants.

Aux ravages des braconniers (les chasseurs illégaux), il faut ajouter la destruction de l'habitat de ces animaux. En effet, pour agrandir des villes, cultiver le sol ou faire le commerce du bois, on détruit des forêts et des savanes. Or, les rhinocéros et les éléphants sont des herbivores. Avec leur taille imposante, tu imagines bien qu'il leur faut beaucoup de végétaux (et donc de grandes superficies de forêt ou de savane) pour survivre. Un éléphant dévore 150 kilos de végétaux frais par jour! Pour une bande, multiplie ce chiffre par 10.

Persévérons!

Grâce aux efforts des amis des animaux, le sort des éléphants et des rhinocéros semble s'améliorer. Mais la partie est loin d'être gagnée!

(Annie Mercier et Jean-François Hamel, *Les Débrouillards*, n° 169, déc. 1997)

LE RHINOCÉROS DE L'INDE

Taille : environ 2 mètres, du pied au cou
Poids : de 1,5 à 2 tonnes
Habitat : il vit en général près des points d'eau, dans les vallées humides du nord de l'Inde
Longévité maximale : de 40 à 50 ans
Reproduction : le mâle dominant s'accouple avec les femelles de son clan. La gestation dure environ 460 jours et chaque portée donne naissance à un seul petit.

Tout ce bla bla !

Première partie

Un samedi matin d'été très chaud, monsieur Jourdain sort dans son jardin, derrière chez lui. Au printemps il y avait planté des pommes de terre, et maintenant il juge qu'elles sont prêtes. Monsieur Jourdain en veut pour le souper. Donc, il prend une pelle et commence à creuser dans le jardin. Tout à coup, une pomme de terre lui dit :

– Ah, c'est toi! Tu ne fais pas attention à moi depuis deux mois et maintenant tu cherches à me tuer! Va-t-en! Laisse-moi en paix!

– Qui a dit ça? demande monsieur Jourdain, stupéfait.

– Pas moi, répond son chien. La patate t'a dit de la laisser en paix. À ta place, je l'écouterais.

Monsieur Jourdain se fâche parce que c'est la première fois que son chien lui adresse la parole. D'ailleurs, il n'aime pas du tout le ton insolent du chien. Il décide de punir l'animal. Il s'approche d'un jeune arbre et coupe une branche. Soudain, l'arbre lui dit :

– Laisse cette branche!

Monsieur Jourdain commence à regretter de s'être levé ce jour-là. Il va jeter la branche, mais elle lui dit :

– Doucement! On ne me jette pas comme ça! Place-moi doucement par terre!

Monsieur Jourdain dépose la branche sur un gros rocher au bout du jardin, mais le rocher lui dit :

– Que fais-tu? Enlève cette branche immédiatement!

Deuxième partie

Monsieur Jourdain décide que c'est assez. Il quitte le jardin en courant. Devant chez lui, il rencontre son voisin. Le voisin va à la pêche, comme tous les samedis d'été. Il met ses provisions dans le coffre de sa voiture. Il tient sa canne à pêche favorite.

– Où vas-tu comme ça? demande le voisin.

– Tu ne vas pas le croire, répond monsieur Jourdain. Premièrement une patate me dit de la laisser en paix, puis mon chien me dit d'écouter la patate. Je vais frapper le chien avec une branche, mais l'arbre me dit de laisser la branche tranquille, et la branche insiste pour que je la dépose doucement. Je vais mettre la branche sur le gros rocher, mais le rocher me dit de l'enlever!

– C'est tout? demande le voisin. Quand j'ai vu la peur sur ton visage, j'ai pensé que c'était sérieux. (Évidemment, le voisin ne croit pas l'histoire.)

– Alors, demande la canne à pêche au voisin, il a enlevé la branche ou il l'a laissée sur le rocher?

Le voisin jette la canne à pêche par terre et commence à courir avec monsieur Jourdain. Dans la rue, ils rencontrent un vieil homme qui porte un sac de provisions. On peut voir un gros céleri qui sort la tête du sac.

– Où est-ce que vous allez si vite? demande le vieil homme.

– Vous n'allez pas le croire, répond monsieur Jourdain. Premièrement une patate me dit de la laisser en paix, puis mon chien me dit d'écouter la patate. Je vais frapper le chien avec une branche, mais l'arbre me dit de laisser la branche tranquille, et la branche insiste pour que je la dépose doucement. Je vais mettre la branche sur le gros rocher, mais le rocher me dit de l'enlever!

– Et puis, dit le voisin, ma canne à pêche veut savoir s'il a enlevé la branche du rocher ou non!

– Je ne vois pas de raison de s'énerver, dit le vieil homme. Non, ce n'est pas une raison.

– Mais si, il y a une raison. Mets-toi à leur place, dit le céleri dans le sac de provisions.

Le vieil homme jette le céleri par terre et commence à courir avec les deux hommes.

Ils arrivent derrière une maison où un autre homme nage dans sa piscine.

– Vous avez perdu quelque chose? leur demande-t-il.

Monsieur Jourdain lui explique comment la patate lui a dit de la laisser en paix, comment le chien lui a dit d'écouter la patate, comment il a coupé une branche pour punir le chien insolent, comment l'arbre lui a dit de laisser la branche tranquille, comment la branche lui a demandé de la déposer doucement, comment il a déposé la branche sur un rocher, comment le rocher lui a dit d'enlever la branche…

– Et puis, dit le voisin, ma canne à pêche demande s'il a enlevé la branche du rocher ou non.

– Et le céleri que j'ai acheté au supermarché m'a dit de me mettre à leur place quand j'ai dit qu'il n'y avait pas de raison de s'énerver, dit le vieil homme.

L'homme dans la piscine regarde le soleil. Décidément, ces trois-là ont passé trop de temps au soleil!

– Et c'est pour ça que vous courez? demande l'homme.

– Toi aussi, tu courrais dans une situation comme ça, lui dit la piscine.

Le monsieur sort de la piscine très très vite et commence à courir avec les autres.

Troisième partie

Ils courent et ils courent. Enfin, ils voient le chef de police qui est assis sur sa véranda. Il joue de l'harmonica paisiblement. Le chef voit les quatre hommes qui courent et il pense immédiatement à la possibilité d'un crime. Il leur demande de s'arrêter. Le chef les regarde. Tout de suite il se rend compte que ce ne sont pas des voleurs de banque. Il leur demande pourquoi ils courent.

– Chef! crie monsieur Jourdain, vous devez nous aider. C'est terrible! Il y a des choses bizarres qui se passent aujourd'hui dans cette ville!

– Oui, explique le voisin. Mon ami va dans son jardin ce matin pour prendre des patates, mais une patate lui dit de la laisser en paix. Puis son chien lui dit, en toute insolence, d'écouter la patate. Imagine! Après tout ce qu'il a fait pour ce chien!

– On devrait punir un chien insolent comme ça, dit le chef.

– Oui, dit monsieur Jourdain. J'ai coupé une branche d'un jeune arbre, mais l'arbre m'a dit de laisser la branche, puis la branche m'a dit de la déposer doucement, alors j'ai mis la branche sur un gros rocher que j'ai dans mon jardin, mais le rocher m'a dit d'enlever la branche…

Monsieur Jourdain ne peut pas continuer. L'émotion est trop forte.

– Mon ami m'a expliqué tout ça, dit le voisin, et ma canne à pêche a demandé si mon ami avait enlevé la branche du rocher!

– Puis, dit le vieil homme, le céleri que j'avais dans mon sac m'a dit de me mettre à leur place parce que je n'ai pas trouvé la situation assez sérieuse!

– Et puis, dit le nageur, ces messieurs arrivent dans mon jardin où je nage dans ma piscine. Ils expliquent leur histoire, et la piscine m'a dit que moi aussi je courrais dans une situation comme ça. Donc, j'ai couru. Et nous voici, chef, et nous demandons votre aide, parce que vous êtes le chef de police et que vous avez de l'expérience avec des situations bizarres.

Le chef pense longuement à ces histoires surprenantes. Il regarde le soleil qui brille et il se dit que ces hommes ont passé trop de temps au soleil. Finalement, il prononce sa décision :

– Je ne sais pas si vous êtes fous ou si vous avez pris un coup de soleil, dit-il, mais votre histoire est vraiment bizarre et incroyable. Alors, partez maintenant, retournez chez vous et arrêtez de raconter ces bêtises de patates et de piscines qui parlent. Sinon, je vais vous mettre en prison. Vous troublez l'ordre public avec vos niaiseries!

Les quatre hommes partent en silence et retournent chez eux.

Le chef les regarde partir. Il se dit :

– Des histoires comme ça, c'est mauvais pour la réputation de la communauté.

– Incroyable, n'est-ce pas? demande son harmonica. Imagine, une patate qui parle!

(Adapté d'un conte africain.)

Julie Payette,
astronaute
canadienne

Elle a travaillé comme ingénieure. Elle a des diplômes de deux universités. Elle est sportive : elle fait du ski, de la course à pied, des sports de raquette et de la plongée sous-marine. Elle est pilote d'avion militaire. Elle joue du piano, avec une préférence pour la musique de Mozart. Elle chante dans des chœurs prestigieux. Elle parle cinq langues. Et elle est aussi astronaute!

Qui est cette femme extra-ordinaire? Julie Payette est née à Montréal en 1963. Elle y a fait ses études primaires et secondaires, puis elle est allée à un collège au Pays de Galles. En 1986 elle a reçu son diplôme en génie de l'Université McGill. Elle a fait des études supérieures à l'Université de Toronto entre 1988 et 1990. Pendant ce temps, Julie Payette a fait beaucoup de travail de recherche pour plusieurs grandes compagnies.

En 1992, l'Agence spatiale canadienne a choisi quatre nouveaux astronautes. 5 300 personnes sont entrées en compétition pour ces quatre postes. Julie Payette a été la seule femme à être choisie. Elle a fait son entraînement au Canada et en 1996 elle est allée à Houston, au Texas, pour s'entraîner au Centre spatial Johnson. En 1999 Julie a pris part à la mission STS-96 à bord de la navette spatiale Discovery. Elle est la première personne originaire du Canada à participer à une mission d'assemblage de la Station spatiale internationale et aussi la première à monter à bord de la station spatiale.

Julie Payette est une scientifique passionnée. Elle visite régulièrement les écoles où elle encourage les jeunes, et surtout les jeunes filles, à poursuivre leurs passions, comme elle l'a fait.

La montagne
meurtrière

Avant de lire

- Le téléguide annonce pour ce soir un film qui s'appelle *Les derniers jours de Pompéi.*
- À ton avis, qu'est-ce qu'on va voir dans ce film?

Les volcans

Dans le monde, il y a environ 850 volcans actifs. Dans les régions volcaniques, il y a aussi des tremblements de terre. Les volcans détruisent des régions complètes, des villages et même des villes. Beaucoup de gens habitent dans ces régions parce que la terre des régions volcaniques est très riche et fertile; c'est idéal pour l'agriculture. C'est pourquoi des populations entières sont en danger quand il y a une éruption volcanique.

C'est le cas de la région sud-ouest de l'Italie. Un des volcans italiens les plus célèbres est le Vésuve, du côté sud de la baie de Naples. Avant son explosion en l'an 79 de notre ère, les habitants de la région ne savaient pas que le Vésuve était un volcan. Quelle surprise de voir que le Vésuve devient soudainement une montagne qui tue les habitants et enterre tout!

Cataclysme à Pompéi

C'est le matin du 24 août de l'année 79. Il fait beau et chaud, le soleil brille. Les gens sont occupés à leurs activités habituelles dans la campagne et dans les villes de Pompéi et d'Herculanum. La vie est calme et tout semble normal.

À l'heure du midi, les travailleurs prennent une pause, les étudiants sortent des écoles et les marchés ferment. Les familles se réunissent pour manger. Le repas du midi est servi dans les maisons privées et dans les restaurants.

Soudain, un bruit terrible éclate et la terre tremble! Un nuage de feu, de cendre et de projectiles brûlants fait éruption dans le ciel bleu. Le vent pousse la cendre, les pierres et la fumée vers les villes de Pompéi et d'Herculanum. Les habitants voient tout à coup le ciel devenir noir comme en pleine nuit. Tout le monde a peur, c'est la panique générale. Plusieurs personnes essaient de prendre leurs biens avant de fuir, mais c'est impossible; les débris du volcan font une invasion trop rapide. Les gens sont enterrés dans la cendre brûlante, les pierres de feu et la lave. C'est l'horreur!

Les familles courent pour sortir des villes, mais tout le monde est enterré en plein mouvement. Le volcan recouvre la région et ses habitants d'à peu près quatre mètres de matière volcanique en quelques heures.

Pompéi et Herculanum de nos jours

Se promener dans les ruines de Pompéi et d'Herculanum, c'est comme retourner dans le passé. Les archéologues creusent sous les cendres au pied du volcan pour découvrir les villes. Les rues, les maisons, les magasins et les places publiques sont comme au premier siècle de notre ère. Presque tout est intact. C'est un trésor de l'Antiquité. Le plus impressionnant, c'est la découverte des squelettes humains et animaux. La matière volcanique autour des corps a formé des moules quand les corps se sont décomposés. Alors les archéologues ont rempli quelques moules de plâtre. Ainsi, ils ont reconstitué des groupes de personnes foudroyées dans leur position au moment de leur mort. On peut voir l'expression d'horreur et de souffrance sur leurs visages. Il y a même un chien qui essaie de se libérer de sa chaîne pour fuir les flots de lave.

Le Vésuve : réserve-t-il une surprise?

Depuis l'année 79, le Vésuve a fait éruption plus de 70 fois. L'éruption la plus récente date de 1944. Maintenant, le cratère est scellé et le volcan semble complètement inactif. Mais que se passe-t-il sous la surface de la terre? L'histoire du Vésuve montre que le volcan peut sembler éteint, et ensuite se réveiller. Qui sait si un jour une éruption ne prendra pas la population par surprise?

Éruption à la maison!

Avant de lire

- Aimes-tu construire des objets à la maison?
- Qu'est-ce que tu as déjà construit?

Fabrique un volcan et provoque une éruption volcanique dans la maison. Spectaculaire et sans danger!

Les ingrédients :

500 g de farine blanche
250 g de sel
50 g de bicarbonate de soude
200 ml d'eau
100 ml de vinaigre
30 ml d'huile végétale
30 ml de savon à bulles (ou de détergent à vaisselle transparent)
Colorants alimentaires rouge et vert

Les ustensiles :

Un grand bol
Une tasse à mesurer
Une cuillère à soupe
Un verre transparent
Un grand plat ou plateau
Une bouteille (plastique ou verre) vide de 250 à 330 ml
Un entonnoir

Fabrique ton volcan!

Verse 500 g de farine, 250 g de sel et 2 cuillerées à soupe d'huile végétale dans le bol. Mélange le tout avec la cuillère.

Verse 150 ml d'eau dans le verre. Ajoute 5 gouttes de colorant rouge et 5 gouttes de colorant vert. Verse le tout dans le bol.

Avec tes mains, mélange les ingrédients pour faire une pâte à modeler (environ 2 minutes). Si la pâte demeure très collante, ajoute un peu de farine.

Pose la bouteille sur le plateau. À l'aide de la pâte à modeler, fabrique un volcan tout autour. Seul le goulot de la bouteille doit dépasser. Si tu le désires, mets de la couleur sur ton volcan, mais avant de le faire, laisse sécher la pâte pendant une nuit.

Provoque une éruption volcanique!

Dans un verre, mélange 50 ml d'eau tiède et 50 g de bicarbonate de soude. Ajoute trois gouttes de colorant rouge, puis 30 ml de savon à bulles. À l'aide de l'entonnoir, verse le mélange dans le volcan. Rince l'entonnoir puis ajoute doucement 100 ml de vinaigre dans le cratère.

Que s'est-il passé?

Le vinaigre réagit avec le bicarbonate de soude pour former du gaz carbonique. Quand le gaz occupe tout l'espace disponible dans la bouteille, la pression augmente et le gaz entraîne le liquide coloré hors de la bouteille.

Savais-tu que...

Les vrais volcans laissent aussi échapper du gaz carbonique.

(Yannick Bergeron, *Les Débrouillards*, n° 191, fév. 2000)

ZOÉ AU CIRQUE DU SOLEIL

les souvenirs c'est bien utile

et la mémoire c'est très commode

on peut revoir tout le spectacle

du cirque du soleil

      avant de s'endormir

les clowns sont vraiment très coquins

ils sautent ils courent ils font coucou

les madames et les messieurs

font de grands tours de bicyclette

et la danseuse toute belle

toute blanche et acrobate

monte très haut sans avoir peur

vers son ami dans la lumière

les souvenirs c'est bien utile

et la mémoire c'est très commode

on peut revoir tout le spectacle

du cirque du soleil

      avant de s'endormir

(Michel Garneau, *Le phénix de neige*, VLB éditeur, 1992)

C'est difficile, le théâtre!

Sarita Vázquez et un groupe de ses copains et copines dans sa classe de français ont décidé de créer une pièce de théâtre. Ils vont la présenter aux élèves d'une classe d'une école primaire d'immersion française. C'est un grand projet qui va remplacer l'examen final de leur cours. Ils veulent faire leur travail le mieux possible, donc Sarita est entrée en contact avec Juliane Desrochers, directrice d'une compagnie de théâtre qui fait régulièrement des productions pour les enfants. Sarita a expliqué à Juliane qu'elle et son groupe pensent à créer un théâtre de marionnettes qu'ils vont fabriquer eux-mêmes. Un samedi matin de mars, Juliane reçoit Sarita à son bureau, à Toronto.

– **Juliane** : Alors, Sarita, toi et tes amis, vous êtes très ambitieux. Un théâtre de marionnettes pour un groupe de… quel âge?

– **Sarita** : Sept ans, madame. Et ils sont en immersion française depuis la maternelle.

– **Juliane** : Bravo! J'ai beaucoup d'admiration pour votre projet. Mais tu sais… ça ne va pas être facile!

– **Sarita** : Nous sommes prêts à travailler, madame. Qu'est-ce que nous devons faire, et dans quel ordre?

– **Juliane** : D'abord, il faut avoir une pièce, un texte. Pensez-vous à quelque chose d'original ou à une adaptation?

– **Sarita** : Notre texte est plus ou moins original. C'est l'histoire d'un petit lapin bleu. Tous les autres lapins se moquent de lui parce qu'il n'est ni gris, ni blanc, ni noir comme les autres. Mais quand il les sauve d'un chien méchant, ils se rendent compte que le lapin bleu est un lapin comme les autres et que la couleur de sa fourrure n'a pas d'importance.

– **Juliane** : Ah oui. Les petits enfants vont aimer ça! Eh bien, dans ma compagnie, on trouve d'abord un texte ou on adapte un livre qui existe déjà. Puis il faut penser au budget.

– **Sarita** : Au budget?

– **Juliane** : Pour créer les marionnettes, pour les décors, pour payer les acteurs, tout ça. Mais, dans votre cas, je suppose que le budget sera très limité.

– **Sarita** : Ou même inexistant! Nous sommes des amateurs! Nous allons fabriquer les marionnettes nous-mêmes, et construire les décors. Ça doit être assez petit, parce que nous devons les transporter.

– **Juliane** : Super! Donc, vous avez un texte, vous avez vos «acteurs», c'est-à-dire les marionnettes. Est-ce que vous avez déjà choisi un metteur en scène?

– **Sarita** : Je ne suis pas sûre. Qui est-ce?

– Juliane : C'est la personne qui organise les répétitions, dirige le jeu et les mouvements des acteurs sur scène.

– Sarita : Ah, oui! Ça, c'est Léo. Il est très discipliné et il adore donner des ordres. Mais il est aussi créatif. Il sera un bon metteur en scène.

– Juliane : Excellent. Et la distribution est complète?

– Sarita : La distribution de quoi?

– Juliane : C'est-à-dire, est-ce qu'il y a un acteur ou une actrice pour chaque rôle?

– Sarita : Oui, c'est déjà fait.

– Juliane : Avez-vous un scénographe et un décorateur?

– Sarita : Voulez-vous dire quelqu'un qui va dessiner les décors? Nous faisons ça ensemble. Ça va être très simple, un ciel bleu, quelques arbres…

– Juliane : Bonne idée. Et si toutes les marionnettes sont des lapins, vous n'avez pas besoin d'un costumier ou d'une costumière. Mais qu'est-ce que vous allez faire pour l'éclairage?

– Sarita : L'éclairage?

– Juliane : Oui. Au théâtre, la lumière joue un rôle important. Elle crée de l'atmosphère. On doit jouer avec l'intensité de la lumière et la couleur des filtres…

– Sarita : Oui, c'est vrai. Mais nous allons présenter notre pièce dans une salle de classe…

– Juliane : Tu es si bien organisée que j'oublie vos limites. Alors, je pense que les seules choses qui restent à faire sont les répétitions et la présentation du spectacle!

– Sarita : Vraiment?

– Juliane : Vraiment. Alors, bonne chance avec votre projet, et merci de m'avoir consultée.

– Sarita : Merci à vous, madame.

La chanson des lutins

- Le génie de la lampe magique t'accorde trois vœux. Qu'est-ce que tu vas lui demander?

Première partie

Un couple de paysans pauvres habite une petite maison au bord de la forêt. À côté d'eux habite un couple riche. Le couple pauvre est assez heureux. Les voisins riches, eux, veulent toujours plus d'argent.

Le paysan a l'habitude d'aller dans la forêt chercher du bois sec pour le feu. Il connaît bien la forêt et il n'a jamais vu personne qui y habite. Imagine sa surprise alors, quand un jour il entend des voix chanter.

Il s'approche de la source de la musique et se cache derrière un arbre. Dans une clairière, il voit un groupe de petits bonshommes danser en rond et chanter :

Lundi, mardi, mercredi.
Lundi, mardi, mercredi.

Le paysan trouve les petits bonshommes charmants. Depuis son enfance on lui raconte des histoires de lutins qui habitent la forêt. Les lutins sont des petits personnages qui possèdent des pouvoirs magiques et qui, normalement, ne font de mal à personne. Le paysan n'a jamais pris ces histoires au sérieux. Mais maintenant, il a la preuve de leur existence devant ses yeux!

Il regarde et écoute chanter les lutins pendant un bon bout de temps. Puis, sans y penser, il décide de chanter lui aussi. Les lutins finissent leur chanson :

Lundi, mardi, mercredi.

Lundi, mardi, mercredi.

Le paysan, derrière son arbre, chante :

Jeudi et puis vendredi.

Un silence glacial tombe dans la forêt. Les lutins s'arrêtent de chanter et de danser. Ils regardent dans toutes les directions.

– Qui a chanté ça? demandent les lutins. Qui a chanté *jeudi et puis vendredi*?

Le paysan ne dit rien. Il tremble de peur. Il a tellement peur qu'il ne voit pas les lutins qui s'approchent derrière lui et qui le font prisonnier.

– C'est vous qui avez chanté? demande le roi des lutins, quand les gardiens amènent le paysan devant lui.

– Oui, Votre Majesté, répond le paysan. Je m'excuse, Votre Majesté. J'ai trouvé votre chanson si charmante, et je n'ai pas pensé….

– Mais… c'est parfait! Ça fait longtemps que nous cherchons le reste de notre chanson. On l'a perdu il y a quelques siècles. *Jeudi et puis vendredi!* C'est magnifique!

Tous les lutins applaudissent.

– Vous l'aimez? demande le paysan, stupéfait.

– Aimer? Si nous l'aimons? demande le roi des lutins. Mais, c'est excellent, superbe, génial et chouette!

Et tous les lutins recommencent à danser en rond en chantant :

Lundi, mardi, mercredi.

Lundi, mardi, mercredi.

Jeudi et puis vendredi.

– Vous méritez une récompense formidable, paysan, dit le roi. Vous savez probablement que nous, les lutins, nous sommes riches comme… je ne sais pas comme qui, mais nous sommes riches! Nous avons de l'or caché partout dans la forêt et rien à acheter.

Le roi envoie un lutin chercher de l'or et, en cinq minutes, il revient avec deux gros sacs, plus gros que lui. Le roi présente les deux sacs d'or au paysan. Tous les lutins accompagnent le paysan au bord de la forêt, en chantant leur nouvelle chanson.

Deuxième partie

Le paysan est très content de sa chance. Il dit mille mercis aux lutins et court à sa maison montrer son trésor à sa femme.

Malheureusement, la femme du voisin riche est là. Elle a acheté une nouvelle robe et veut la montrer à la pauvre paysanne qui n'achète jamais de nouvelle robe. La voisine riche regarde le paysan qui entre avec deux grands sacs et lui demande ce qu'il a. Le paysan, qui est un honnête homme, lui raconte toute son aventure dans la forêt.

– Attends, dit la femme riche. Mon mari doit entendre cette histoire!

Elle retourne chez elle pour aller chercher son mari.

Le paysan leur raconte son aventure avec les lutins. Le voisin riche lui fait répéter l'histoire en détail plusieurs fois. Ses petits yeux brillent quand il pense à l'or des lutins.

Le lendemain matin, le voisin riche part dans la forêt. Il ne s'arrête pas pour prendre du bois sec pour le feu. Il veut trouver la clairière des lutins aussi vite que possible.

Il suit les indications exactes du paysan et se trouve près de la clairière quand il entend une chanson.

Lundi, mardi, mercredi.

Lundi, mardi, mercredi.

Jeudi et puis vendredi.

Le voisin riche n'hésite pas. Après tout, lui et sa femme ont tout planifié. Il crie :

– *Samedi et puis dimanche!*

La chanson des lutins s'arrête. Tous les lutins se regardent. Finalement, le roi demande :

– Qui a dit ça?

Le voisin riche entre dans la clairière. Il a un grand sourire. Il peut déjà compter les pépites d'or dans le sac.

– C'est moi qui ai chanté ça, monsieur le lutin.

– Mais, c'est horrible! crie le roi. C'est atroce! C'est épouvantable! Nous avons une très jolie chanson qui rime, idiot! *Lundi, mardi, mercredi* rime avec *jeudi et puis vendredi!* Mais, *samedi et puis dimanche* ne rime avec rien! Vous avez gâché notre jolie chanson!

– Vous n'allez pas me donner une récompense formidable? demande le voisin riche, perplexe.

– Oh si, répond le roi des lutins. Une récompense formidable! For-mi-da-ble!!! Lutins, quelle est la récompense pour avoir gâché notre jolie chanson?

– Une saucisse! crient les lutins.

– Au nez! ajoute un très vieux lutin.

– Très bien! crie le roi. Un, deux, trois... saucisse!

Une grosse saucisse s'attache au nez du voisin riche. Il essaie de l'enlever, mais la saucisse est attachée à son nez pour toujours. Les lutins chassent le voisin riche de leur forêt.

Après ça, le paysan et sa femme ne voient plus leurs voisins riches, mais ils les entendent souvent se quereller.

(Adapté d'un conte populaire.)

Bêtes de l'écran

Une agence de casting, c'est un catalogue vivant d'artistes. Les producteurs de télévision et de cinéma y choisissent des acteurs pour leurs films, émissions et publicités. À *Ciné-Bêtes*, les comédiens sont des animaux! Il y en a de toutes sortes, de la souris à l'éléphant, du gentil hamster au terrible crocodile. Seule condition : ces animaux doivent avoir du talent!

C'est l'entraîneur David Chartier qui développe ces talents. «C'est une passion. Plus jeune, j'avais plein d'animaux (des chats, des chiens, des lapins) à qui j'ai enseigné toutes sortes de trucs.»

Des lapins savants? «C'est plus de travail qu'avec les chiens, mais j'arrive à leur apprendre des trucs, comme à presque tous les animaux,» assure David. Bien sûr, chaque espèce a ses limites : un alligator ne donnera jamais la patte et un éléphant ne sera jamais acrobate!

Le travail avant la bouffe

La nourriture est une ressource indispensable pour David. Les animaux sont prêts à tout pour se remplir l'estomac! «Prenez un perroquet. S'il a faim, je peux obtenir presque tout de lui», explique l'entraîneur. L'oiseau ne mange donc jamais avant un tournage.

Les plus doués?

Le chien et le cheval, tu l'as bien deviné. Mais aussi le… cochon! «Il est intelligent et facile à dresser, affirme David. Il exécute les mêmes trucs qu'un chien.» Mais avec l'âge, un porc devient plus gros et moins agile. Le cheval, au contraire, gagne en agilité : il peut se tenir sur deux pattes, boire dans une canette, s'agenouiller, etc.

Les plus entêtés?

Les animaux sauvages sont les plus difficiles. Un alligator n'ouvre pas la gueule sur commande! L'entraîneur doit bien observer pour trouver un moyen d'obtenir le mouvement recherché. David a développé des trucs. Ainsi, pour faire «sourire» un alligator, David utilise de la fumée. «Elle entre dans le nez de l'animal qui ouvre sa gueule pour l'évacuer.»

L'art du dressage

Le secret de David : la patience. Avant d'enseigner un truc à un animal, l'entraîneur doit capter son attention. «S'il me regarde, il m'entend!» Il faut du temps pour établir ce contact privilégié. David l'obtient en jouant avec l'animal, en l'appelant par son nom, en le félicitant dès qu'il le regarde…

Ces petites attentions mettent peu à peu l'apprentie vedette en confiance. Il est alors temps de commencer l'entraînement. Il existe différentes approches :

La main de fer

Fondée sur la peur et les corrections physiques, la méthode est efficace. Mais l'animal ne développe jamais le goût du travail. Il obéit parce qu'il a peur d'être puni.

Le gant de velours

On gâte l'animal sans jamais le réprimander. Résultat : il fait des trucs seulement quand il le veut.

La main de fer dans un gant de velours

David combine les récompenses et les corrections. Mais il évite la violence. «L'animal doit m'attaquer avant que je le frappe.» Il utilise plutôt des outils comme l'étrangleur pour chiens. «Ce collier reproduit le mouvement de la mère quand elle corrige ses chiots en les saisissant par le cou.»

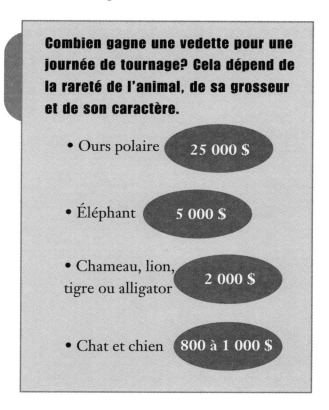

Combien gagne une vedette pour une journée de tournage? Cela dépend de la rareté de l'animal, de sa grosseur et de son caractère.

- Ours polaire — 25 000 $
- Éléphant — 5 000 $
- Chameau, lion, tigre ou alligator — 2 000 $
- Chat et chien — 800 à 1 000 $

(Marie-Pier Elie, *Les Débrouillards*, n° 182, mars 1999)

Quoi de neuf, docteur?

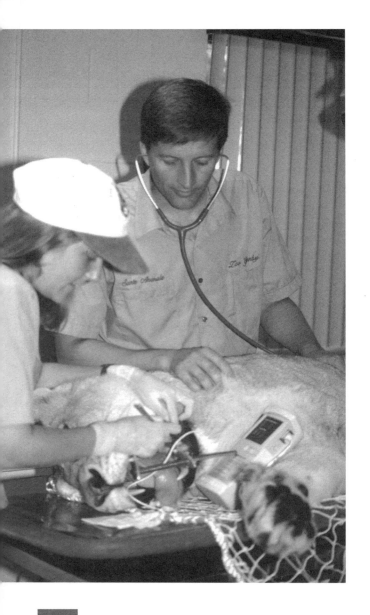

Avant de lire

- Quels sont les avantages et les inconvénients d'être vétérinaire?

Clément Lantier est vétérinaire dans un zoo. Prends ton stéthoscope, on fait la tournée des malades en sa compagnie!

Lundi, 8h30. Un gardien signale à Clément qu'une lionne ne mange rien depuis deux jours. On se prépare à la clinique vétérinaire du zoo de Granby. Il faut examiner l'animal. Clément endort la lionne avec une fléchette lancée à l'aide d'une sarbacane.

Ensuite, sur la table d'opération, il lui entre un long tube par la bouche, jusque dans l'estomac. C'est une caméra à fibre optique. Elle lui transmet des images de l'estomac.

Finalement, le diagnostic est posé. La lionne a avalé un sac de plastique jeté par un visiteur. C'est un incident qui arrive trop souvent.

Sans l'intervention du vétérinaire, cette négligence aurait tué l'animal!

Clément travaille au zoo depuis 12 ans. Des urgences, il en voit! Au zoo comme dans la nature, les animaux peuvent tomber, se battre ou attraper des maladies. «Je les soigne, mais j'essaie surtout d'éviter qu'ils ne tombent malades, dit-il. Grâce à la prévention, les animaux en captivité vivent plus vieux que dans la nature.»

Chaque année, plusieurs animaux passent un examen médical. Clément leur examine les yeux, les dents et les oreilles. Il les vaccine et leur fait des prises de sang pour trouver le moindre petit problème.

Comme les humains, les animaux doivent bien manger pour rester en santé. Clément connaît les besoins alimentaires des 300 espèces au zoo. Ça demande beaucoup de recherches!

Pour varier le menu des gorilles, Clément leur présente de nouvelles saveurs : fruits, graines, ail et même maïs soufflé! Pourquoi? Pour les empêcher de sombrer dans l'ennui!

Les gorilles vivent habituellement au milieu de grands groupes. Quand ils se retrouvent en petit nombre, ils peuvent s'ennuyer au point de tomber malades!

Clément a de précieux alliés : les gardiens des animaux. «Ils s'occupent des bêtes tous les jours et connaissent bien leurs habitudes, dit Clément. S'ils détectent un problème de santé, ils me préviennent.»

Quand un animal est malade, Clément vérifie si son environnement a changé. Les animaux sauvages sont très sensibles aux changements. Parfois, une variation de nourriture ou l'arrivée de nouveaux voisins peuvent les déranger.

Pour poser un diagnostic, Clément examine l'animal. Est-il blessé? Semble-t-il fatigué? Mange-t-il normalement? Le moindre détail peut l'aider. Pas toujours facile : les animaux sauvages sont très farouches et Clément doit les observer de loin.

Le vétérinaire aime les animaux, mais ils ne lui rendent pas toujours son affection. C'est normal car Clément vient souvent les voir pour leur faire une piqûre! Ils gardent rarement un bon souvenir de lui…

En captivité, certaines espèces cessent de se reproduire. Clément plonge alors dans ses livres pour trouver la cause du problème. Ça peut être une question d'alimentation, de température ou d'humidité.

Pour le vétérinaire, chaque journée réserve son lot de surprises. Mais Clément ne s'en fait pas. S'il préférait la routine, il aurait choisi un autre métier!

(Valérie Bolliet, *Les Débrouillards*, n° 175, été 1998)

Tyler et son chien

Épisode 1

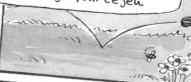

Épisode 3

Épisode 4

Minette dans la cuisine

Je ne sais pas pourquoi je garde le chat de ma voisine. Je suis allergique aux chats.

Mais moi, je suis une chatte, et je t'aime beaucoup.

Atchoum!

Zut! Je dois recommencer maintenant! Il ne reste rien dans le bol!

Ta voisine reviendra demain me chercher. Tu sais, les allergies aux chattes n'existent pas.

Es-tu folle? Je dois recommencer encore une fois!

Ne t'inquiète pas, je serai ta servante. Je t'aiderai à tout nettoyer.

Tu es une très bonne cuisinière! Je ne te quitterai jamais. Ensemble, nous ferons beaucoup de bons gâteaux!

LA TERRE

Avant de lire

- À ton avis, est-ce que les jeunes peuvent changer les attitudes des adultes envers l'environnement? Comment?
- Que fais-tu pour aider à sauvegarder les richesses de notre monde?

La Terre

Elle nous appartient

La Terre

Il faut en prendre bien soin

La Terre

Pendant qu'il est encore temps

Gardiens de la Terre

Nous qui voyons

La fragilité de l'univers

Nous luttons ensemble pour sauver

La beauté, les richesses de ce monde

La beauté de notre merveilleux monde

La Terre

Elle nous appartient

La Terre

Il faut en prendre bien soin

La Terre

Pendant qu'il est encore temps

Gardiens de la Terre

Nous qui croyons

En cette vie que nous partageons

Nous défendons ciel, forêts et mers

La beauté, les richesses de ce monde

La beauté de notre merveilleux monde

La Terre a tant besoin de nous

Ouvrons nos yeux, ouvrons nos cœurs

Unissons-nous pour la sauver

Car rien au monde n'est plus fort

Que toi, que moi, lorsqu'ensemble

Nous sommes gardiens de la Terre.

(Craig Stephens et Lance Anderson)

25

LA CHANSON DE LA VIE

Avant de lire

- Décris comment un arbre change au fil des saisons.
- Maintenant, tu vas lire un poème qui vient de la Côte-d'Ivoire en Afrique, et qui décrit les saisons et le cycle de la vie là-bas.

Le temps passe

Le soleil

Brûle le sol

Et apporte l'angoisse

Mais un jour

La saison des pluies

Arrive

Et les arbres bourgeonnent

Et les manguiers

Les citronniers

Les goyaviers

Offrent leurs parfums

Les hibiscus

Exhibent leur beauté

Les flamboyants

Dansent dans le vent

Et toute la savane

Chante

Et les hommes

Dansent

Et le Masque

Danse

Et le tam-tam

Bat la cadence

De la vie

Qui gagne toujours

La vie

Qui revient

Encore et encore

Car les hommes

Meurent

Et naissent

Meurent

Naissent

Et renaissent

Jusqu'à la fin

Des temps.

(Véronique Tadjo, *La chanson de la vie*, collection
«Monde noir jeunesse», © Hatier, Paris, 1989.)

26

L'or de l'Amazonie

Depuis longtemps nous employons les plantes pour produire des médicaments. En Grèce, par exemple, il y a deux mille ans, on préparait une boisson à partir des feuilles d'un arbre pour soulager la douleur. Au 19e siècle, on a étudié cette boisson en Europe, ce qui a permis de découvrir un médicament que tout le monde connaît aujourd'hui : l'aspirine.

Aujourd'hui les plantes jouent toujours un rôle important dans la fabrication des médicaments. Les grandes compagnies pharmaceutiques ont des chercheurs. Ces gens voyagent partout pour trouver de nouvelles plantes médicinales. La plupart de ces plantes se trouvent dans l'Amazonie, en Amérique du Sud. Dans cette immense forêt se trouvent un grand nombre de plantes qui peuvent nous aider.

Des tribus indiennes vivent toujours dans la jungle amazonienne. Elles emploient les plantes de la forêt pour guérir les maladies. Les guérisseurs de ces tribus connaissent bien les propriétés des plantes qu'ils utilisent. Les chercheurs savent qu'ils peuvent beaucoup apprendre de ces guérisseurs. Un exemple d'un produit médicinal qui vient de la forêt amazonienne est le curare. Ce poison est extrait d'une liane. Les chasseurs des tribus recouvrent la pointe des flèches de ce poison. La science moderne utilise le curare comme anesthésie durant les opérations.

La forêt amazonienne est sérieusement menacée aujourd'hui. Chaque année des millions d'hectares de forêt sont détruits pour produire des terres cultivables. On brûle la forêt pour les agriculteurs. Il y a donc des espèces qui disparaissent avant même qu'on les découvre. La destruction de la forêt amazonienne a aussi des conséquences tragiques pour les tribus, qui perdent leur habitat naturel et qui contractent de nouvelles maladies au contact de la civilisation.

Une petite partie des plantes de l'Amazonie sont conservées dans des jardins botaniques partout dans le monde. Mais si les scientifiques n'interviennent pas bientôt, ils vont perdre la chance de sauver des vies.

Lucille Teasdale,

- Imagine que quelqu'un te demande de laisser ta vie confortable et d'aller dans un pays où règne la violence pour aider les pauvres et les malades. Que vas-tu répondre et quelles raisons vas-tu donner?

En 1961, Lucille Teasdale, une des premières femmes à devenir chirurgienne au Canada, a quitté son emploi à un hôpital de Montréal et est allée en Ouganda. Elle et son mari, le Dr Piero Corti, ont ouvert le petit hôpital de St. Mary's-Lacor dans la petite ville de Gulu. Elle a fait plus de 13 000 opérations dans cet hôpital entre 1961 et 1995, souvent en temps de guerre civile.

Née à Montréal en 1929, Lucille est une des sept enfants de la famille Teasdale. En 1955 elle devient la première Québécoise à obtenir un diplôme en chirurgie à l'Université de Montréal. C'est aussi en 1955 qu'elle a rencontré son futur mari qui était venu à Montréal pour se spécialiser en pédiatrie.

En Ouganda, Lucille Teasdale et Piero Corti transforment peu à peu leur institution de 40 lits en un grand hôpital avec une école d'infirmières. Mais en 1971 la guerre civile éclate, et le dictateur Idi Amin Dada commence son régime de terreur. L'hôpital est longtemps sans électricité, mais Lucille Teasdale persévère et continue à opérer ses patients. Des soldats envahissent, saccagent l'hôpital et kidnappent des infirmières. Une fois, Lucille Teasdale et son mari sont pris en otage. Malgré tout, Lucille Teasdale refuse de quitter l'Ouganda. Elle refuse de fermer son hôpital. C'est ainsi qu'elle finit par gagner le respect des militaires les plus violents. Après tout, il était possible qu'elle les opère un jour!

Durant les années 80, un autre drame bouleverse l'Ouganda : le sida. De plus en plus de patients de l'hôpital sont séropositifs. En 1985, Lucille

chirurgienne de guerre

Teasdale se coupe pendant une opération. Elle contracte le sida. Les médecins lui donnent deux ans à vivre au maximum. Comme toujours, Lucille Teasdale refuse de capituler. Elle ne peut plus continuer à opérer ses patients, mais elle dirige son hôpital jusqu'à sa mort en 1996.

Aujourd'hui, St. Mary's-Lacor a 450 lits. On y soigne 10 000 malades chaque année. L'hôpital a maintenant une école de chirurgie et de médecine. Presque tout le personnel médical de l'hôpital est africain. Lucille et Piero ont établi des fondations en Italie et au Canada pour assurer l'avenir de l'hôpital.

Lucille Teasdale a reçu plusieurs distinctions, y compris l'Ordre du Canada, mais ce n'était pas les honneurs qu'elle cherchait. Au début, c'était sa passion pour la médecine qui l'a motivée. Plus tard, c'était la force de son caractère qui a aidé cette grande Canadienne à surmonter de grands obstacles.

Activités

1 La vie sociale

? As-tu compris?

1. Où sont les cinq amis?
2. Qu'est-ce que James annonce à ses amis?
3. Qu'est-ce que ses amis répondent?
4. À ton avis, est-ce que James va suivre son plan d'action? Justifie ta réponse.

⟁ Expansion

Écris un dialogue où James explique ses résultats à ses parents après les examens. (C'est à toi de décider si les résultats sont bons ou mauvais.)

2 Un quiz : tes devoirs?

⟁ Expansion

En groupes de quatre, créez un quiz de cinq questions sur un sujet qui intéresse les adolescents, par exemple les rapports entre frères et sœurs. À chaque question, donnez trois choix de réponses. Préparez aussi une analyse des résultats. Faites passer votre test à un autre groupe.

3 L'anniversaire de James

? As-tu compris?

1. Qu'est-ce que Nicole va préparer pour l'anniversaire de James?
2. Quel âge va-t-il avoir?
3. Qu'est-ce que Nicole va mettre sur le gâteau?
4. Qu'est-ce qui arrive quand James souffle les bougies?

⟁ Expansion

À deux, préparez et présentez un dialogue où une personne décrit une situation embarrassante.

4 Chasse à la baleine sur Internet

? As-tu compris?

1. À quoi sert un moteur de recherche?
2. Pourquoi faut-il préciser la recherche quand on utilise un moteur de recherche?
3. Qu'est-ce que c'est, un répertoire?
4. En quoi les répertoires sont-ils plus faciles à utiliser que les moteurs de recherche?

Expansion

Choisis un sujet de recherche, par exemple, un animal sauvage. Utilise un moteur de recherche et note combien de sites existent, puis précise ta recherche et note encore le nombre de sites.

5 L'exploitation des enfants

? As-tu compris?

Vrai ou faux? Sur une feuille de papier, corrige les informations qui sont fausses.

a) Les enfants mentionnés dans cet article ne vont pas à l'école.
b) Les enfants qui travaillent peuvent garder tout leur salaire.
c) Les enfants qui doivent travailler habitent au Canada et aux États-Unis.
d) On vend les produits fabriqués par ces enfants seulement dans les pays pauvres.
e) Craig Kielburger n'a jamais quitté le Canada.
f) Son organisation est riche.

Expansion

1. Maintenant que tu as lu l'article sur la lutte du jeune Canadien Craig Kielburger contre le travail des enfants, prends note de tes idées sur ce sujet. Tu peux aussi trouver d'autres informations sur Internet et dans les médias. Écris une lettre à Craig, dans laquelle tu donnes ton point de vue sur le travail des enfants et sur la position de Craig.

2. Certaines personnes veulent qu'on boycotte les produits fabriqués par ces enfants. Explique dans tes propres mots le sens du verbe «boycotter». Donne une raison pour justifier le boycottage de ces produits et une autre raison pour le désapprouver.

6 Meurtre dans le salon

? As-tu compris?

1. L'assassin a utilisé quelle arme pour tuer Paul Dubé?
2. Quel indice est-ce que monsieur Dubé a donné à l'inspectrice Lupin?
3. Comment l'inspectrice Lupin a-t-elle pu identifier le coupable?

Expansion

Formez des groupes de trois. Dans chaque groupe, désignez un inspecteur de police et deux témoins d'un crime. Les deux témoins reçoivent une photo du coupable. L'inspecteur pose des questions aux témoins pour obtenir une description du coupable. Un des témoins doit toujours répondre honnêtement. L'autre peut donner des détails vraix ou faux. (C'est l'ami(e) du coupable.) Puis, l'inspecteur va considérer les témoignages pour trouver le coupable.

7 Les dangers d'Internet

? As-tu compris?

Réponds vrai ou faux aux questions suivantes.

a) Les enfants utilisent Internet à un très jeune âge.
b) Internet peut être un environnement dangereux.
c) On peut interpréter les émotions des autres personnes avec qui on communique sur Internet.
d) Même un enfant peut être exposé à des dangers sur Internet.
e) On peut donner des informations personnelles sans risque sur Internet.

Expansion

Analyse l'article pour trouver les informations suivantes.

a) Qu'est-ce que l'auteur veut prouver?

b) Explique brièvement les trois idées principales présentées dans l'article.

c) Quels mots lient les idées et les paragraphes?

d) Quelle conclusion l'auteur tire-t-il?

8 Le Tunnel de la peur

As-tu compris?

Choisis la meilleure réponse.

1. L'histoire a lieu au mois de…
   a) mai.
   b) octobre.
   c) août.

2. Pour faire un tour dans le Tunnel de la peur on doit…
   a) marcher.
   b) monter en bateau.
   c) monter dans une cage.

3. Les trois jeunes filles…
   a) ont des opinions différentes à propos du Tunnel.
   b) veulent faire un tour dans le Tunnel.
   c) décident que le Tunnel n'est pas intéressant.

4. Diane et Jeanne ne peuvent pas accompagner Hélène au bateau parce que…
   a) tous les petits bateaux sont occupés.
   b) l'homme ne les aime pas.
   c) elles n'ont pas acheté de billet.

5. L'homme qu'Hélène voit dans le Tunnel est…
   a) un employé du parc.
   b) un mannequin pour faire peur aux spectateurs.
   c) quelqu'un qui n'est pas revenu de sa promenade en bateau.

6. Hélène se met au fond du bateau parce que…
   a) quelque chose l'a touchée.
   b) elle ne veut pas voir les choses horribles dans le Tunnel.
   c) les cris sont trop forts.

7. La fourrure qui touche Hélène…
   a) la touche seulement un instant.
   b) fait partie de la scène de la guillotine.
   c) reste dans le bateau avec elle.

8. Jeanne et Diane s'inquiètent parce que…
   a) des cris horribles sortent du Tunnel.
   b) le Tunnel est très sombre.
   c) l'homme s'amuse en les regardant.

9. L'annonce publique est au sujet…
   a) des dangers de faire un tour dans le Tunnel de la peur.
   b) d'un gorille qui s'est échappé du zoo.
   c) de l'homme, qui est dangereux.

10. Hélène est à l'hôpital…
   a) parce que le gorille lui a fait mal.
   b) à cause de sa terreur.
   c) parce qu'elle est tombée dans l'eau.

Expansion

1. Prends le point de vue du gorille. Écris un paragraphe pour décrire ses réactions à la suite de la promenade en bateau.
2. Selon tes connaissances sur les gorilles, est-ce qu'Hélène a vraiment été exposée à un danger?

9 Le dragon de la forêt

? As-tu compris?

Première partie

1. Quelle est la réputation de l'eau du puits?
2. Qu'est-ce que la bergère a découvert un jour au puits?
3. Quelle est la réaction du dragon quand il voit la bergère?

4. En quoi l'arrivée du dragon change-t-elle la vie du village?

5. Comment est-ce que la bergère a trouvé sire Gilles?

6. Pourquoi est-ce que sire Gilles n'inspire pas beaucoup d'espoir?

Deuxième partie

1. Comment s'appelle l'assistant(e) d'un chevalier?

2. Quelle arme est-ce que sire Gilles va employer contre le dragon?

3. Pourquoi est-ce que Pierrette est encouragée?

4. Qu'est-ce qui arrive chaque fois que sire Gilles blesse le dragon?

5. Qu'est-ce qu'on a décidé dans le village?

Troisième partie

Chaque phrase contient une erreur de fait. Trouve et corrige les erreurs sur une feuille de papier.

1. Tout le village attend sire Gilles et Pierrette quand ils reviennent de la forêt.

2. Pierrette a vu que le dragon laisse sa tête dans le puits quand il se bat.

3. Sire Gilles commence à frapper le dragon très fort.

4. Le chevalier recule vers le village.

5. Le dragon ne quitte pas sa place près du puits.

6. Sire Gilles tue le dragon quand sa queue est dans l'eau.

7. Comme souvenir du combat, Pierrette garde la queue du dragon.

Expansion

1. Écris une lettre que le dragon envoie à sa famille dans le nord du pays. Parle de sa découverte du puits et de son premier combat avec le chevalier.

2. Prépare une affiche à mettre à l'entrée de la forêt. Cette affiche doit annoncer le danger causé par la présence du dragon au puits.

10 Drôles de visiteurs

? As-tu compris?

1. Explique en une ou deux phrases l'origine de l'expression «soucoupe volante».
2. Quelles sont les preuves de l'existence des soucoupes volantes?
3. Selon Carl Sagan, quelle sorte de preuve est nécessaire pour prouver un événement extraordinaire?
4. Quand le professeur Persinger a soumis le cerveau à des champs magnétiques, qu'est-ce que les sujets de son expérience ont raconté?
5. Pourquoi l'hypnose n'est-elle pas entièrement efficace?

Expansion

1. Prépare la couverture d'un tabloïd qui présente le sommaire d'un article au sujet des gens kidnappés par les extraterrestres. Tu peux y ajouter une illustration si tu veux.
2. Écris un paragraphe dans ton journal intime pour décrire ta rencontre imaginaire avec un extraterrestre hier soir.

11 Le scientifique du siècle

? As-tu compris?

1. Où et quand est-ce qu'Albert Einstein est né?
2. Pourquoi est-ce que le jeune Albert n'est pas devenu ingénieur?
3. Quelle a été la conséquence de ses découvertes en physique?
4. Pourquoi est-ce qu'on a critiqué Einstein en Allemagne?
5. Pourquoi est-ce que le public américain l'a aimé?
6. Quelle a été la conséquence de sa lettre au président américain?
7. Comment est-ce qu'Einstein a changé la perception publique du scientifique?

Expansion

Fais une biographie chronologique d'Albert Einstein. Commence par l'année de sa naissance et finis avec sa mort en 1955. Dans la colonne de gauche, mentionne six faits importants dans sa vie. À droite, mentionne des événements simultanés dans le monde.

Par exemple :

Vie d'Einstein	Événements dans le monde
1932 : Albert Einstein part pour les États-Unis	*Franklin Roosevelt devient président des États-Unis.*

12 Colosses en péril!

As-tu compris?

1. Pourquoi n'est-il pas rare de trouver un éléphant en pleine rue en Inde?
2. Qu'est-ce que c'est, un cornac?
3. Pourquoi chasse-t-on les éléphants et les rhinocéros?
4. Que fait-on avec la corne du rhinocéros?
5. Que fait-on pour arrêter la chasse?
6. Pourquoi est-ce que ce n'est pas assez?
7. Pourquoi le développement moderne menace-t-il aussi ces animaux?

Expansion

1. Un expert vient à ton école pour parler des animaux en voie de disparition. Prépare une liste de cinq questions à lui poser.
2. À deux, jouez les rôles d'un environnementaliste qui cherche à protéger les éléphants et d'un fermier qui habite près d'une réserve. Le fermier est fâché parce que les éléphants quittent la réserve et détruisent ses légumes. L'environnementaliste essaie de persuader le fermier que les éléphants ont besoin de protection. Le fermier explique pourquoi il n'est pas d'accord. Chaque personne doit présenter trois arguments.

13 Tout ce bla bla!

? As-tu compris?

Vrai ou faux? Sur une feuille de papier, corrige les phrases qui contiennent une fausse information.

1. Cette histoire a lieu en hiver.
2. Monsieur Jourdain cherche des carottes dans son jardin.
3. Quand la pomme de terre lui parle, monsieur Jourdain n'a pas de réaction.
4. Il décide de punir le chien parce qu'il le trouve insolent.
5. Un arbre, une branche, un rocher et une fleur parlent à monsieur Jourdain.
6. Le voisin se prépare pour aller faire du camping.
7. Il prend l'histoire de monsieur Jourdain au sérieux.
8. L'autre homme revient d'un magasin de vêtements.
9. Le nageur pense qu'il a passé trop de temps au soleil.
10. Le chef de police joue de la guitare.
11. Il n'aime pas les gens qui troublent l'ordre public.
12. Le chef de police court avec les quatre autres hommes.

Expansion

1. En groupes, écrivez une histoire bizarre qui ressemble un peu à l'aventure de monsieur Jourdain. Distribuez les rôles, puis présentez votre histoire à la classe.
2. Écris un article pour le journal quotidien de ta ville. Le sujet : les événements bizarres de samedi matin, bien sûr! N'oublie pas de donner un titre à ton article.

14 Julie Payette, astronaute canadienne

? As-tu compris?

Complète les phrases en haut de la page 81 en y ajoutant la fin appropriée.

Expansion

Tu voudrais devenir astronaute. Écris une lettre à Julie Payette pour lui demander des conseils. Explique bien pourquoi tu voudrais être astronaute.

1. Le ski, la course à pied et la plongée sous-marine
2. Un autre passe-temps que Julie aime
3. Après l'école secondaire
4. Son travail consistait à poursuivre
5. En 1992, Julie est entrée en compétition
6. Le Centre spatial Johnson
7. La mission de Discovery en 1999 consistait à
8. Avant Julie, aucun Canadien

a) pour devenir astronaute.
b) Julie a étudié à deux universités.
c) travailler à la Station spatiale internationale.
d) sont trois sports que Julie Payette pratique.
e) est de chanter dans un chœur.
f) n'était monté à bord de la station spatiale.
g) se trouve aux États-Unis.
h) des recherches scientifiques.

15 La montagne meurtrière

? As-tu compris?
1. Quel autre cataclysme est-ce qu'on trouve dans les régions où il y a des éruptions volcaniques?
2. Pourquoi est-ce qu'il y a des gens qui habitent dans les régions volcaniques?
3. Comment s'appelle le célèbre volcan italien dans *La montagne meurtrière?*
4. À quelle heure est-ce que le volcan a fait éruption?
5. Qu'est-ce qu'on a trouvé quand on a exploré les ruines de Pompéi?
6. Qu'est-ce que le Vésuve pourrait faire un jour?

◄ Expansion
Tu vis à Pompéi en l'an 79 et tu as réussi à quitter la ville le jour de l'éruption. Écris un article pour le journal de la ville de Naples décrivant tes expériences ce jour-là.

16 Éruption à la maison!

? As-tu compris?
1. Qu'est-ce que tu construis en premier?
2. Où est-ce que tu mets la pâte?
3. Comment expliques-tu l'éruption du volcan?
4. En quoi est-ce que ça ressemble à un vrai volcan?

Expansion

Fabrique ton volcan à la maison. Apporte-le en classe et fais la démonstration d'une éruption.

17 Zoé au Cirque du Soleil

As-tu compris?

1. Où est-ce que Zoé est allée aujourd'hui?
2. Quelle heure est-il dans le poème?
3. Nomme trois numéros du spectacle qui ont impressionné Zoé.

Expansion

1. Dessine une affiche pour un spectacle que tu as vu (un concert, un match sportif, une pièce de théâtre).
2. Écris un poème à propos d'un spectacle.

18 C'est difficile, le théâtre!

As-tu compris?

1. Où est-ce que Sarita et ses amis vont présenter leur pièce de théâtre?
2. Pourquoi est-ce que cette pièce est importante pour leurs résultats scolaires?
3. Qui sont les personnages de la pièce?
4. Pourquoi Sarita n'a-t-elle pas besoin d'un budget?
5. Pourquoi Sarita pense-t-elle que Léo sera un bon metteur en scène?
6. Pourquoi est-ce que Sarita ne se préoccupe pas de l'éclairage?

Expansion

1. Prépare l'affiche publicitaire pour annoncer la pièce de théâtre que Sarita et ses amis montent.
2. Quel membre d'une troupe de théâtre dirait les phrases suivantes? Les choix sont : le metteur en scène, le scénographe, l'éclairagiste, la costumière.
   a) «Dans cette scène, je voudrais ajouter un filtre bleu aux lumières.»

b) «Non, Roger, quand tu parles à Christine, tu dois la regarder directement. Et parle plus fort!»

c) «Tout le monde va porter des souliers blancs.»

d) «Je vais mettre de grands sacs à ordures verts sur le plancher pour représenter la rivière.»

19 La chanson des lutins

? As-tu compris?

Corrige l'information qui est fausse dans chaque phrase. Écris tes corrections sur une feuille de papier.

1. Les paysans sont riches, et leurs voisins sont pauvres.
2. Le paysan va dans la forêt chercher de la nourriture.
3. Les paroles de la chanson des lutins sont les noms des mois de l'année.
4. Le paysan a peur parce que les lutins ont une mauvaise réputation.
5. Les lutins sont furieux quand ils entendent les paroles que le paysan chante.
6. La femme du paysan est seule quand son mari rentre à la maison.
7. Le paysan refuse de dire à son voisin où il a trouvé l'or.
8. Le voisin écoute les lutins chanter, puis il ajoute un autre vers qui rime.
9. Les lutins donnent de l'or au voisin.
10. La femme du voisin est très contente de la récompense que son mari reçoit.

◄ Expansion

1. Trouve dans l'histoire un mot qui veut dire :
   a) une personne pauvre qui habite à la campagne;
   b) une personne qui habite à côté d'une autre personne;
   c) un endroit où on trouve beaucoup d'arbres;
   d) un homme qui a un royaume et une couronne;
   e) un métal précieux;
   f) une sorte de prix qu'on reçoit pour un service.

2. En groupes, préparez un sketch sur un des thèmes suivants :
   a) le paysan contribue à la chanson des lutins;
   b) le paysan raconte son aventure à ses voisins;
   c) le voisin riche fait sa contribution à la chanson.

20 Bêtes de l'écran

? As-tu compris?

1. Qu'est-ce que c'est, *Ciné-Bêtes?*
2. Quand est-ce que David Chartier a acquis de l'expérience avec les animaux?
3. Que doit-on accepter quand on entraîne un animal?
4. Quelle est la meilleure récompense pour un animal?
5. Selon David, quel est le seul défaut du cochon?
6. Quels animaux sont les moins coopératifs?
7. Quelle est la qualité la plus importante quand on travaille avec les animaux?

Expansion

1. Explique dans tes propres mots les trois différentes méthodes de dressage mentionnées dans l'article.
2. Écris une lettre à *Ciné-Bêtes.* Dans ta lettre, tu vantes les talents d'un animal que tu as entraîné. Décris ses tours et mentionne comment tu penses que ton animal pourrait faire une contribution artistique.

21 Quoi de neuf, docteur?

? As-tu compris?

1. Qu'est-ce que le docteur Lantier a trouvé dans l'estomac de la lionne?
2. Comment a-t-il fait son diagnostic dans le cas de la lionne?
3. Pourquoi est-ce qu'il considère la prévention importante?
4. Qu'est-ce qui se passe pendant l'examen médical?
5. En quoi est-ce que la vie d'un gorille en captivité est différente de sa vie dans la nature?
6. Pourquoi est-ce que certains animaux ne sont pas contents de voir le docteur arriver?

✒ Expansion

À deux, préparez et présentez une conversation entre le docteur Lantier et une jeune personne qui pense adopter un animal un peu exotique. Parlez du régime alimentaire, de ses habitudes et de ses besoins.

22 Tyler et son chien

❓ As-tu compris?

Épisode 1

1. Chaque fois que Tyler suggère une activité, quelle est la réaction du chien?
2. Qu'est-ce qui se passe quand ils rentrent à la maison?

Épisode 2

1. Comment est-ce que Tyler décrit son chien à Dominique?
2. Comment est-ce que le chien réagit?
3. Selon Dominique, quel est le problème?

Épisode 3

1. Quelle heure est-il quand le chien demande son souper?
2. Qu'est-ce que le chien fait quand Tyler parle au téléphone?
3. Qu'est-ce que Tyler pense quand il regarde l'horloge?

Épisode 4

1. Tyler va lancer des boules de neige. Qu'est-ce que le chien doit faire?
2. Qu'est-ce que le chien pense de ce jeu?
3. Qu'est-ce que le chien veut?

✒ Expansion

À deux, préparez et présentez un dialogue. Une personne joue le rôle de Tyler, l'autre est un psychologue pour les animaux. Tyler consulte le psychologue parce que son chien est têtu.

23 Minette dans la cuisine

? As-tu compris?

Écris un résumé de l'histoire. Utilise les mots suivants : voisine, allergique, renverser, nettoyer, aimer.

☝ Expansion

Imagine que tu es la chatte. Écris une lettre à ta maîtresse, la voisine de Nicole. Explique-lui pourquoi tu ne veux pas quitter Nicole.

24 La Terre

? As-tu compris?

1. Pourquoi est-ce que nous devons prendre soin de la Terre?
2. Qu'est-ce que nous allons perdre si nous n'en prenons pas soin?
3. Quelles parties de l'environnement sont fragiles?

☝ Expansion

1. Pense à une situation environnementale qui nécessite les efforts de tout le monde dans ta communauté. Ça peut être quelque chose comme le recyclage de déchets ou le nettoyage d'un parc ou d'une rivière.
2. Fais une liste des différentes façons dont tout le monde peut participer à la sauvegarde de l'environnement.
3. Prépare une affiche qui présente tes idées.

25 La chanson de la vie

? As-tu compris?

1. Pourquoi le soleil brûlant apporte-t-il l'angoisse aux gens?
2. À l'arrivée de la saison des pluies, qu'arrive-t-il aux arbres?
3. Quel est l'effet de ce changement sur la population?
4. En quoi est-ce que la vie gagne toujours?

☝ Expansion

1. Trouve dans le poème :
   a) trois mots associés au climat.
   b) les noms de cinq plantes.
   c) trois mots associés à la musique.

2. Les manguiers, les citronniers et les goyaviers sont des arbres tropicaux qui produisent des fruits (les mangues, les citrons et les goyaves). Comment s'appellent les arbres qui produisent les pommes, les cerises et les poires?

26 L'or de l'Amazonie

? As-tu compris?

1. Qu'est-ce qu'on a découvert à partir de la boisson des Grecs?
2. Pourquoi est-ce que les grandes compagnies pharmaceutiques ont des chercheurs qui voyagent un peu partout dans le monde?
3. Où trouve-t-on le plus grand nombre de plantes médicinales?
4. Quel est l'usage moderne d'un des poisons des tribus amazoniennes?
5. Pourquoi brûle-t-on la forêt?
6. Où sont conservées certaines plantes amazoniennes?

Expansion

1. Fais une présentation orale ou écrite sur les problèmes de l'Amazonie. Pour présenter les informations :
   a) situe l'Amazonie sur une carte de l'Amérique du Sud;
   b) identifie le pays où se trouve la plus grande partie de la forêt tropicale;
   c) explique pourquoi les plantes de cette forêt sont importantes;
   d) explique pourquoi les scientifiques respectent les guérisseurs des tribus.
2. Une présentation doit montrer les deux côtés de la médaille. Examine bien les points de vue du scientifique et de l'agriculteur, puis trouve une conséquence à chacun de leurs arguments.

   Le scientifique :
   a) La forêt tropicale est très précieuse.
   b) Elle abrite un grand nombre d'espèces animales et végétales.
   c) Certaines de ces espèces peuvent aider à combattre les maladies.
   d) On brûle la forêt pour obtenir des terres cultivables.

L'agriculteur :

a) La population du pays est très nombreuse et très pauvre.

b) Il n'y a pas beaucoup de terres cultivables à cause des forêts.

c) La terre de la forêt est très riche.

d) On brûle la forêt pour obtenir des terres cultivables.

27 Lucille Teasdale, chirurgienne de guerre

? As-tu compris?

Vrai ou faux? Sur une feuille de papier, corrige les fausses informations.

1. L'hôpital que Lucille Teasdale a fondé se trouve au Canada.

2. Lucille Teasdale est la première femme chirurgienne au Canada.

3. Le mari de Lucille Teasdale est aussi docteur.

4. L'hôpital de St. Mary's-Lacor était très grand quand Lucille est arrivée en Ouganda.

5. Lucille Teasdale a dû fermer son hôpital pendant la guerre civile.

6. Beaucoup de gens en Ouganda souffrent du sida.

7. Lucille Teasdale est morte à cause de la guerre civile.

8. Elle n'a jamais reçu d'honneur au Canada.

Expansion

La définition du mot héros ou héroïne est «une personne qui se distingue par des qualités ou des actions exceptionnelles, par son courage face au danger». Selon cette définition, est-ce que Lucille Teasdale était une héroïne? Justifie ta réponse.

Lexique

adj.	adjectif
adv.	adverbe
conj.	conjonction
interj.	interjection
loc.	locution
n.m.	nom masculin
n.f.	nom féminin
pl.	pluriel
prép.	préposition
pron.	pronom
v.	verbe

A

abriter, *v.* to shelter
accoupler s', *v.* to mate
adonner s', *v.* to devote oneself to
afficher, *v.* to hang up, to post
affreux(euse), *adj.* horrible
agenouiller s', *v.* to kneel
agile, *adj.* agile, nimble
agrandir, *v.* to make larger
ail, *n.m.* garlic
ailleurs, *adv.* elsewhere
ainsi, *adv.* in this way, thus
ajouter, *v.* to add
allié(e), *n.m, f.* ally
améliorer, *v.* to improve
angoisse, *n.f.* anguish
annonce, *n.f.* advertisement
apparaître, *v.* to appear
appareil, *n.m.* machine
applaudir, *v.* to applaud
apprenti(e), *n.m, f.* apprentice
apporter, *v.* to bring
armé(e), *adj.* armed
armure, *n.f.* armour
arrêter, *v.* to stop
assez, *adv.* enough
assis(e), *adj.* seated, sitting
assister, *v.* to attend

associé(e) en affaires, *n.m., f.* business associate
astronome, *n.m., f.* astronomer
atroce, *adj.* atrocious
atteindre, *v.* to hit (for instance, with a bullet)
attraper, *v.* to catch
attribuer, *v.* to attribute
au-dessus de, *prép.* above, over
augmenter, *v.* to increase
auparavant, *adv.* before
aurait, *v.* would have (forme du verbe **avoir**)
avaler, *v.* to swallow
avenir, *n.m.* future

B

bagarrer se, *v.* to fight
baleine, *n.f.* whale
ballon-sonde, *n.m.* weather balloon
banc, *n.m.* bench
bande, *n.f.* group
bâton, *n.m.* stick
battre, *v.* to beat; **se battre:** to fight
beauté, *n.f.* beauty
berger(ère), *n.m., f.* shepherd, shepherdess
besoin, *n.m.* need
bêtise, *n.f.* nonsense
bibelot, *n.m.* knick-knack
bicarbonate de soude, *n.m.* baking soda
bijou, *n.m.* jewel
bizarre, *adj.* strange
blessé(e), *adj.* wounded, hurt
blessure, *n.f.* wound
boire, *v.* to drink
bol, *n.m.* bowl
bougie, *n.f.* candle
boulanger(ère), *n.m., f.* baker
boule de billard, *n.f.* billiard ball
boule de neige, *n.f.* snowball
bourgeonner, *v.* to bud
bourse, *n.f.* scholarship, bursary
bouteille, *n.f.* bottle
braconnier, *n.m.* poacher
brandir, *v.* to brandish
brûler, *v.* to burn

bulle, *n.f.* bubble
but, *n.m.* goal

C

cadence, *n.f.* beat (music)
canette, *n.f.* can for a drink
canne à pêche, *n.f.* fishing rod
capituler, *v.* to give in
capter, *v.* to grab
céder, *v.* to give in
céleri, *n.m.* celery
centaines, *n.f. pl.* hundreds
cependant, *conj.* however
cerveau, *n.m.* brain
cesser, *v.* to stop
cétacé, *n.m.* member of the whale family
chameau, *n.m.* camel
champ, *n.m.* field
chance, *n.f.* luck
chapeau, *n.m.* hat
chasse, *n.f.* hunt
chercheur, *n.m.* research scientist
chevalier, *n.m.* knight
chiffre, *n.m.* digit number
chiot, *n.m.* puppy
chirurgie, *n.f.* surgery
chirurgien(ne), *n.m., f.* surgeon
chœur, *n.m.* choir
choisir, *v.* to choose
chouette, *adj.* great
cirque, *n.m.* circus
citronnier, *n.m.* lemon tree
clairière, *n.f.* clearing
classer, *v.* to classify
cochon, *n.m.* pig
coffre d'auto, *n.m.* trunk (car)
collant(e), *adj.* sticky
colorant alimentaire, *n.m.* food colouring
colosse, *n.m.* colossus, someone very big
combat, *n.m.* fight
comédien(ne), *n.m., f.* actor, actress (in general)
commerce, *n.m.* business
commode, *adj.* handy
communauté, *n.f.* community

compter, *v.* to count
conscient(e), *adj.* aware
conseil, *n.m.* a piece of advice
consommateur, *n.m.* consumer
construire, *v.* to build
contenir, *v.* to contain
convaincu(e), *adj.* convinced
coquin(e), *adj.* mischievous
corne, *n.f.* horn
corriger, *v.* to correct
costumier(ère), *n.m., f.* costume designer
coucher se, *v.* to go to bed
coucou!, *interj.* peek-a-boo!
coup de feu, *n.m.* gunshot
coupable, *n.m., f.* the guilty party
couper, *v.* to cut (off)
couramment, *adv.* fluently
courir, *v.* to run
cours, *n.m.* course
course à pied, *n.f.* running
court(e), *adj.* short
crème fouettée, *n.f.* whipped cream
croire, *v.* to believe
croissant(e), *adj.* growing
cuiller à soupe *n.f.* soup spoon
curé, *n.m.* priest

D

d'ailleurs, *loc.* besides
danser en rond, *v.* to danse in a circle
débuter, *v.* to begin
décor, *n.m.* set
découvrir, *v.* to discover
décrire, *v.* to describe
dédier, *v.* to dedicate
défenses, *n.f. pl.* tusks
dehors, *prép., adv., n.m.,* outside
demeurer, *v.* to remain
déposer, *v.* to place, to lay down
détergent à vaisselle, *n.m.* dishwashing detergent
détruire, *v.* to destroy
devenir, *v.* to become
devoir, *v.* must, have to, owe (**devrait :** should) *n.m.* assignment

dévorer, *v.* to devour
diagnostic, *n.m.* diagnosis
dicter, *v.* to dictate
directeur(trice), *n.m., f.* director
diriger, *v.* to direct
disparaître, *v.* to disappear
disparition, *n.f.* disappearance
disperser, *v.* to disperse, chase away
distribution, *n.f.* casting
donc, *adv. ou conj.* therefore
dont, *pron.* of which, whose
dormir, *v.* to sleep
doté(e), *adj.* supplied
doucement, *adv.* gently
doué(e), *adj.* gifted
douleur, *n.f.* pain
dresser, *v.* to put together, to train
droit, *n.m.* right

E

écaille, *n.f.* scale
éclairage, *n.m.* stage lighting
écrivain(e), *n.m., f.* writer
écuyer(ère), *n.m., f.* squire
effectuer, *v.* to do
emmener, *v.* to take somebody somewhere
empêcher, *v.* to prevent
endormi(e), *adj.* asleep
endormir s', *v.* to fall asleep
énerver s', *v.* to get upset
enfance, *n.f.* childhood
enlèvement, *n.m.* kidnapping
enlever, *v.* to remove, to kidnap
ennui, *n.m.* boredom
enquête, *n.f.* investigation
enragé(e), *adj.* enraged, furious
entêté(e), *adj.* stubborn
entonnoir, *n.m.* funnel
entraîner, *v.* to train
entraîneur, *n.m.* trainer
entretien, *n.m.* upkeep
envie, *n.f.* desire; **avoir envie de,** *v.* to feel like
envoyer, *v.* to send
épée à deux tranchants, *n.f.* broadsword

épouvantable, *adj.* appalling, dreadful
espace, *n.m.* space
espèce, *n.f.* species
estomac, *n.m.* stomach
établir, *v.* to establish
étrangleur, *n.m.* choke collar
eux-mêmes, *pron.* themselves
évacuer, *v.* to evacuate
évaluer, *v.* to mark
événement, *n.m.* event
évidemment, *adv.* evidently, obviously
éviter, *v.* to avoid
exercer une profession, *v.* to practise a profession
exhiber, *v.* to exhibit
expérience, *n.f.* experiment, experience
explication, *n.f.* explanation
exploit, *n.m.* deed

F

façon, *n.f.* way
faible, *adj.* weak
faim, *n.f.* hunger
fantôme, *n.m.* ghost
farine, *n.f.* flour
farouche, *adj.* fierce, wild, shy
fatiguer, *v.* to tire
faute, *n.f.* fault
faux, fausse, *adj.* untrue, false
femelle, *n.f.* female
fer, *n.m.* iron
féroce, *adj.* fierce
feuille, *n.f.* leaf
filtre, *n.m.* filter
flamboyant, *n.m.* flamboyant
flamme, *n.f.* flame
flèche, *n.f.* arrow
fléchette, *n.f.* dart
fois, *n.f.* time
fondé(e), *adj.* based on
fonder, *v.* to found, to establish
fou, folle, *adj.* crazy
foudroyer, *v.* to be thunderstruck
fragilité, *n.f.* fragility
frapper, *v.* to hit
fumée, *n.f.* smoke

G

gant, *n.m.* glove
gâter, *v.* to spoil
gaz, *n.m.* gas
géant, *n.m.* giant
génial(e), *adj.* great
génie, *n.m.* engineering
genre, *n.m.* type
gestation, *n.f.* gestation period
glacial(e), *adj.* frigid
goulot, *n.m.* bottleneck
goutte, *n.f.* drop
goyavier, *n.m.* guava tree
gramme, *n.m.* gram
gratuitement, *adv.* for free
grièvement, *adv.* seriously
griffe, *n.f.* claw
gris(e), *adj.* grey
grosseur, *n.f.* size
guérir, *v.* to cure
guerre, *n.f.* war
gueule, *n.f.* animal's mouth

H

habitude, *n.f.* habit
habituel(le), *adj.* usual
herbivore, *n.m., f.* plant eater
hésiter, *v.* to hesitate
honnête, *adj.* honest
horloge, *n.f.* clock
hors de, *prép.* out of
huile végétale, *n.f.* vegetable oil

I

ignorer, *v.* to be unaware of
incroyable, *adj.* fantastic, unbelievable
indice, *n.m.* clue
inexpliqué(e), *adj.* unexplained
infini, à l', *adv.* forever
infirmière, *n.f.* nurse
ingrat(e), *adj.* ungrateful
inquiéter, s', *v.* to worry
intensité, *n.f.* intensity, severity
interdit(e), *adj.* forbidden

interroger, *v.* to question
involontairement, *adv.* involuntarily
ivoire, *n.m.* ivory

J

jeter, *v.* to throw
jouet, *n.m.* toy
juger, *v.* to judge
jurer, *v.* to swear
jusqu'à, *prép.* until

L

lancer, *v.* to throw
lapin, *n.m.* rabbit
lendemain, *n.m.* the next day
liane, *n.f.* vine
lieu, *n.m.* place; **au lieu de,** instead of
lieux, *n.m.pl.* scene
logiciel, *n.m.* software
longévité, *n.f.* longevity
longuement, *adv.* at length
lors de, *prép.* during
lourd(e), *adj.* heavy
lutin, *n.m.* elf
lutter, *v.* to fight, to struggle

M

magie, *n.f.* magic
maïs soufflé, *n.m.* popcorn
maître, *n.m.* master
mal, *adv.* badly
maladie, *n.f.* illness
mâle, *n.m.* male
mammifère, *n.m.* mammal
manguier, *n.m.* mango tree
manquer, *v.* to miss
marier se, *v.* to get married
marin(e), *adj.* marine
maternelle, *n.f.* kindergarten
matière, *n.f.* school subject, matter
méchant(e), *n.m., f.* villain; *adj.* bad, evil
médicament, *n.m.* medication
meilleur(e), *adj.* better
même, *adv.* even; *adj.* same

menacer, *v.* to threaten
mériter, *v.* to deserve
métier, *n.m.* career, job
metteur en scène, *n.m.* stage director
mettre, *v.* to put
meurtre, *n.m.* murder
milieu, *n.m.* middle
milliers, *n.m.pl.* thousands
moindre, *adj.* slightest
moquer de, se, *v.* to make fun of
moteur de recherche, *n.m.* search engine
mourir (il meurt), *v.* to die

N

nager, *v.* to swim
nageur, (nageuse), *n.m., f.* swimmer
naissance, *n.f.* birth
naître, *v.* to be born
natation, *n.f.* swimming
navette spatiale, *n.f.* space vehicle
nettoyer, *v.* to clean
nez, *n.m.* nose
ni… ni, *conj.* neither… nor
niaiserie, *n.f.* nonsense

O

obéir, *v.* to obey
occasion, *n.f.* opportunity
œuvre, *n.f.* work
offrir. *v.* to offer
or, *n.m.* gold
oreille, *n.f.* ear
otage, *n.m.* hostage
oublier, *v.* to forget
ours polaire, *n.m.* polar bear
ovni, *n.m.* UFO

P

paix, *n.f.* peace (**laisser en paix,** to leave alone)
paresseux(euse), *adj.* lazy
parfait(e), *adj.* perfect
parfum, *n.m.* perfume

partie, *n.f.* game, contest
partition musicale, *n.f.* sheet music
partout, *adv.* everywhere, all over
pas, *n.m.* step
passer un examen, *v.* to take a test, examination
pâte à modeler, *n.f.* modelling clay
patte, *n.f.* foot (of an animal)
pauvreté, *n.f.* poverty
Pays de Galles, *n.m.* Wales
paysan(ne), *n.m., f.* peasant
pêche, *n.f.* fishing
pédiatrie, *n.f.* pediatrics
peine, à, *adv.* scarcely
pelle, *n.f.* shovel
pendant que, *conj.* while
pendant, *prép.* during
pensivement, *adv.* thoughtfully
pépite de chocolat, *n.f.* chocolat chip
perdre, *v.* to lose
perplexe, *adj.* confused, puzzled
perroquet, *n.m.* parrot
perturber, *v.* to disturb
peser, *v.* to weigh
peu, *n.m.* a little
pièce de théâtre, *n.f.* play
pied de la lettre, au, *loc.* to the letter
piquer, *v.* to sting
piqûre, *n.f.* injection, needle
piscine, *n.f.* swimming pool
planification, *n.f.* planning
planifier, *v.* to plan
plateau, *n.m.* platter
plein de, *adv.* all kinds of
plongée sous-marine, *n.f.* deep-sea diving
plonger, *v.* to plunge
pluie, *n.f.* rain
plupart, *n.f.* majority
poignard, *n.m.* dagger
portée, *n.f.* a litter
posséder, *v.* to possess
poursuivre, *v.* to pursue
pouvoir, *n.m.* power
pouvoir, *v.* to be able, can (**pourrait-il:** could it; could he)
préciser, *v.* to make exact, to clarify

prédire, *v.* to predict
pression, *n.f.* pressure
prestigieux(euse), *adj.* prestigious
prêt(e), *adj.* ready
prétendre, *v.* to claim
preuve, *n.f.* proof
prévenir, *v.* to advise
primaire, *adj.* primary
prise de sang, *n.f.* blood sample
prochain(e), *adj.* next
produire se, *v.* to take place
propriétaire, *n.m., f.* owner
psychologue, *n.m., f.* psychologist
puissant(e), *adj.* powerful
puits, *n.m.* well
puni(e), *adj.* punished

Q

quelque part, *adv.* somewhere
quereller se, *v.* to fight, to quarrel
queue, *n.f.* tail
quitter, *v.* to leave

R

rafraîchissant(e), *adj.* refreshing
ramper, *v.* to crawl
réagir, *v.* to react
rebondir, *v.* to rebound
rebut, *n.m.* scrap
récit, *n.m.* story
récompense, *n.f.* reward
reculer, *v.* to back up
récupérer, *v.* to recover
réduit(e), *adj.* reduced
refuge, *n.m.* refuge
regroupement, *n.m.* grouping
rencontrer, *v.* to meet
rendre compte de, se, *v.* to realize
rendre se, *v.* to go
rendre, *v.* to return something
renverser, *v.* to knock over, to spill
répétition, *n.f.* rehearsal
réprimander, *v.* to scold
(à plusieurs) reprises, *n.f.pl.*
   occasions, times, *loc.* on many occasions
respiration, *n.f.* breathing

restaurer, *v.* to restore
résultat, *n.m.* result
retour, *n.m.* return
revoir, *v.* to see again
réussir, *v.* to pass, to succeed
rimer, *v.* to rhyme
rincer, *v.* to rinse
rocher, *n.m.* rock
roi, *n.m.* king
roman, *n.m.* novel
rubrique, *n.f.* file

S

sac à ordures, *n.m.* garbage bag
sac de provisions, *n.m.* grocery bag
saccager, *v.* to pillage; to wreck
saisir, *v.* to seize
saison, *n.f.* season
salon, *n.m.* living room
saluer, *v.* to greet
sans, *prép.* without
santé, *n.f.* health
sarbacane, *n.f.* blowgun, pea-shooter
saucisse, *n.f.* sausage
sauter, *v.* to jump
sauver, *v.* to save
savane, *n.f.* savanna
savant(e), *adj.* learned, educated
saveur, *n.f.* flavour
savoir, *v.* to know
savon, *n.m.* soap
scène, *n.f.* stage
scénographe, *n.m., f.* set designer
sec, sèche, *adj.* dry
sécher, *v.* to dry
sel, *n.m.* salt
sélectionner, *v.* to select
sensible, *adj.* sensitive
séropositif(ve), *adj.* HIV-positive
serveur(euse), *n.m., f.* waiter, waitress
sida, *n.m.* Aids
simultané(e), *adj.* simultaneous
situé(e), *adj.* located
soigner, *v.* to take care of
soin, *n.m.* care

sol, *n.m.* soil
sombre, *adj.* dark
sommaire, *n.m.* summary
sort, *n.m.* fate
soucoupe, *n.f.* saucer
souffler, *v.* to blow out
souhait, *n.m.* wish
soumettre, *v.* to submit
spatial(e), *adj.* relating to space
spectacle, *n.m.* show
stupéfait(e), *adj.* stunned
suggérer, *v.* to suggest
suivre, *v.* to follow
superficie, *n.f.* surface
surprenant(e). *adj.* surprising
survivre, *v.* to survive
survoler, *v.* to fly over

T

tâche, *n.f.* task
taille, *n.f.* size
taper, *v.* to type
tapis, *n.m.* carpet
tasse à mesurer, *n.f.* measuring cup
témoignage, *n.m.* testimony
tenir, *v.* to hold
tenter, *v.* to attempt
têtu(e), *adj.* stubborn
tiers-monde, *n.m.* the Third World
tirer sur, *v.* to shoot at
touche, *n.f.* key (keyboard)
toujours, *adv.* still, always
tour, *n.m.* trick
tournage, *n.m.* filming
travailleur(euse), *adj.* hard-working
tronc, *n.m.* tree trunk
troubler l'ordre public, *v.* to disturb the peace
troupeau, *n.m.* flock (of sheep)
truc, *n.m.* trick
truqué(e), *adj.* rigged
tuer, *v.* to kill

U

univers, *n.m.* universe
urgence, *n.f.* emergency
usine, *n.f.* factory
utile, *adj.* useful

V

vaillant(e), *adj.* courageous
vaincre, *v.* to defeat
valeur, *n.f.* value
vanter, *v.* to praise
vélo, *n.m.* bicycle
velours, *n.m.* velvet
vent, *n.m.* wind
vérité, *n.f.* truth
verre, *n.m.* glass
vers, *prép.* towards
verser, *v.* to pour
victorieux(euse), *adj.* victorious
vide, *adj.* empty
vinaigre, *n.m.* vinegar
visuel(le), *adj.* visual
vivant(e), *adj.* living
vivre, *v.* to live
voisin(e), *n.m.,* *f.* neighbour
voleur, *n.m.* thief
volonté, *n.f.* will, desire

Références bibliographiques

Illustrations

p. 5 : Steve MacEachern; pp. 6-7 : Cindy Jeftovic; p. 9 : Kevin Cheng; p. 10 : Tina Holdcroft; p. 14 : Craig Terlson; p. 15 : Craig Terlson; pp. 16, 18 : Peter Yundt; pp. 20, 22, 24 : Peter Yundt; pp. 25, 27 : Craig Terlson; pp. 32, 34, 36 : Tina Holdcroft; p. 46 : Cindy Jeftovic; pp. 49, 51 : Peter Ferguson; p. 54 : Tina Holdcroft; pp. 58-62 : Craig Terlson; p. 63 : Kevin Cheng; p. 65 : Tina Holdcroft.

Photos

p. 12 : CP Picture Archive (Moe Doiron); p. 28 : The Granger Collection; pp. 30-31 : Animals Animals/K. Senani, Ghani, Khalid; p. 38 : L'agence canadienne de l'espace/the Canadian Space Agency; pp. 40, 42 : The Granger Collection; p. 43 : Laurence Labat/Les Débrouillards; p. 56 : Services éducatifs–Société zoologique de Granby; p. 68 : Animals Animals/Peter Weinmann; p. 71 : La fondation Lucille Teasdale et Piero Corti.

Réponse à la sélection n° 6 – Meurtre dans le salon, p.14

La victime n'a pas pointé le piano, donc il ne veut pas accuser sa femme pianiste. Il n'a pas pointé la bibliothèque, donc ce n'est probablement pas l'écrivain. Il a pointé une partition musicale, mais cela n'accuse pas l'écrivain parce qu'un écrivain ne compose pas de musique. Le coupable, c'est donc Rémi Doré : son nom est fait de notes de musique (do, ré, mi), comme on en trouve dans un cahier de partition.